高职高专公共基础课系列教材

大学生创新创业基础
项目教程

主　编　崔海波　李紫毅
副主编　李英辉　丁　凯　屈广辉
参　编　聂洪媛　位青青　马云婷　邵礼胜
　　　　贺琳博　朱　晔　刘伟光

西安电子科技大学出版社

内 容 简 介

本书坚持守正创新，本着积极推进党的二十大精神向教材有机转化的原则，以大学生创新创业为主线，依据教育学和创造学的基本原理，阐述了创新创业的基本原理与实践路径，旨在培养大学生的创新创业精神，锻炼大学生的创新创业能力。本书共包括九个项目，分别为认识创新创业、增强创新意识与思维、培养创新创业能力、把握创业机会、组建创业团队、整合创业资源、商业模式的设计与创新、编写商业计划书、模拟开办企业。

本书既可以作为高校创新创业课程的教材，也可以作为从事创新创业教育、就业指导工作等相关人士的参考用书。

图书在版编目（CIP）数据

大学生创新创业基础项目教程 / 崔海波，李紫毅主编. -- 西安：
西安电子科技大学出版社，2025. 2. -- ISBN 978-7-5606-7592-3

Ⅰ. G647.38

中国国家版本馆 CIP 数据核字第 20250CA534 号

策　　划　李鹏飞　杨航斌
责任编辑　薛英英　赵婧丽
出版发行　西安电子科技大学出版社（西安市太白南路 2 号）
电　　话　(029) 88202421　88201467　　邮　　编　710071
网　　址　www.xduph.com　　　　　电子邮箱　xdupfxb001@163.com
经　　销　新华书店
印刷单位　广东虎彩云印刷有限公司
版　　次　2025 年 2 月第 1 版　2025 年 2 月第 1 次印刷
开　　本　787 毫米×1092 毫米　1/16　印张 10.75
字　　数　229 千字
定　　价　42.00 元
ISBN 978-7-5606-7592-3
XDUP 7893001-1
＊＊＊如有印装问题可调换＊＊＊

前言

随着中国经济进入高质量发展阶段，经济结构亟待转型升级，创新创业活动成为经济社会发展的重要推动力。创新创业人才培养成为我国创新型国家建设的重要举措，也是实施科教兴国、人才强国、教育强国措施的根本所在。同时，随着高等教育进入普及化阶段，毕业生人数大增，他们的就业创业问题成为国家高度重视的工作之一。党的二十大报告提出了"全面提高人才自主培养质量，着力造就拔尖创新人才，聚天下英才而用之"的战略任务。要提高就业质量，促进高校毕业生等青年群体多渠道就业创业，就要培养学生的创新精神、创业思维和创新创业能力，这是高校应对新时代产业结构升级和职业结构改变的必然选择，也是建设创新型国家、提升国家全球竞争力的必然要求。

在我国广泛开展大学生创新创业教育，推动"大众创业、万众创新"的深入发展，是适应国家经济社会发展、办好新时代中国特色社会主义大学的需要，也是创造更多就业岗位、带动更多大学生就业的需要。近年来，党和国家把创新创业提高到建设创新型国家的战略高度，不断加大对大学生创新创业教育的支持力度，并做出了一系列重要举措，针对大学生提供了多项资金、场地、人才等方面的扶持。同时，大学生可以享受多项税收减免政策，并获得知识产权保护措施等的支持。同样，创新创业已成为我国高等教育发展的重点之一，高校通过不断完善创新创业课程体系，改革教学方法和考核方法，强化创新创业实践，使创新创业教育向更广范围、更深层次不断推进，在提高人才培养质量、促进就业创业方面取得了积极进展。

高职教育是我国高等教育的重要组成部分，高职院校开展创新创业教育，应以创新精神培养和创业能力训练为主，把创新精神与创业实践活动紧密结合起来，以增强创新意识和创业技能，为大学生的创新创业打下良好的基础，为时代进步贡献力量。

编者依据多年的教学实践经验拟定了编写方案。本书由石家庄职业技术学院的崔海波、衡水健康科技职业学院的李紫毅担任主编；石家庄职业技术学院的李英辉、丁凯和衡水健康科技职业学院的屈广辉担任副主编；同时，石家庄职业技术学院的聂洪媛、位青青、马云婷和衡水健康科技职业学院的邵礼胜、贺琳博、朱晔以及河北途智教育科技有限公司的刘伟光也参与了编写。其中，崔海波编写项目1和项目2，李紫毅编写项目3，屈广辉编写项目4，聂洪媛和邵礼胜共同编写项目5，李英辉编写项目6，马云婷和朱晔共同编写项目 7，丁凯和贺琳博共同编写项目 8，刘伟光和位青青共同编写项目 9。

在本书编写过程中，编者引用和参考了国家在创新创业方面的政策文件，以及许多专家、学者、同仁的研究成果及意见，在此对文献资料涉及的作者与单位表示诚挚的谢意！此外，西安电子科技大学出版社对本书的出版给予了许多帮助，在此一并表示感谢！

由于编者学识有限，书中难免有不足之处，恳请各位读者批评指正。

编　者

2024 年 10 月

CONTENTS
目 录

项目 1　认识创新创业

知识要点

1. 了解创新创业教育的意义。
2. 掌握创新与创业的含义、类型。
3. 熟悉创新与创业的区别。
4. 熟悉创新与创业的联系。

能力目标

1. 树立初步的创新创业意识。
2. 将自己的大学生涯与创新创业紧密联系。

思政目标

1. 通过对创新创业相关概念的了解，认识到任何事物都存在多面性，从而在看待事物时有自己的见解。
2. 通过对创新创业的了解，充分认识到创新创业对国家和民族的重要意义。

案例导入

张一鸣的独到视角与创新之路

在当今这个信息爆炸的时代，每一个细微的需求都可能孕育出一场行业革命。字节跳动（即"北京字节跳动网络技术有限公司"，简称"字节跳动"）的创始人张一鸣凭借其独到的见解、多角度分析问题的能力，以及对事物间深刻联系的洞察，创造了一系列颠覆性产品，引领了数字内容消费新风尚。

初露锋芒：从技术极客到创业者

张一鸣的创业之路始于 2008 年，那时他还是一名技术爱好者，对互联网充满无限憧憬。与许多初创者不同，张一鸣并没有急于追逐热门领域，而是选择从自己最熟悉的技术出发，深入思考用户未被充分满足的需求。他发现，尽管互联网信息丰富，但用户获取有价值内容的效率却并不高。这一洞察，成为他日后创立字节跳动的基石。

独到见解：从用户需求出发，重塑信息分发

2012年，张一鸣推出了首款产品——今日头条（后更名为抖音集团旗下的抖音 APP，在国际市场则以 TikTok 知名）。这款应用基于先进的算法技术，能够根据用户的阅读偏好、行为习惯等多维度数据，智能推荐个性化内容。这一创新模式，彻底打破了传统新闻门户和社交媒体的内容分发方式，让"你关心的，才是头条"成为可能。张一鸣成功的奥秘在于他不仅仅看到了技术的潜力，更重要的是，他深刻理解并把握住了用户对高效、精准信息获取的渴望。

多角度思考：跨界融合，创造新价值

张一鸣的创新并未止步于内容分发。他深知，在快速变化的互联网世界中，持续的创新和对市场趋势的敏锐洞察是生存发展的关键。因此，字节跳动不断尝试跨界融合，从短视频、直播、电商到在线教育，每一步都精准踏在了时代的节拍上。抖音的崛起，不仅满足了用户娱乐休闲的需求，还通过直播带货、短视频营销等方式，为商家和创作者开辟了新的商业路径，实现了平台、用户、商家三方共赢。

深度分析：洞察事物间的内在联系

张一鸣的成功，很大程度上归因于他对事物间复杂联系的深刻理解。他认为，互联网的本质是连接，而连接的核心在于理解用户的需求和场景，再将这些需求与合适的内容、服务、商品高效匹配。这种对"连接"本质的把握，使字节跳动在布局新业务时，总能找到最合适的切入点，迅速占领市场。

张一鸣和字节跳动的故事，是对创新创业精神的出色诠释。它告诉我们，真正的创新不仅仅来源于技术的突破，更在于对用户需求的深刻理解、对市场趋势的敏锐洞察，以及从多角度、深层次分析问题并发现机会的能力。在这个充满挑战与机遇的时代，只有那些能够不断创新、勇于探索未知领域的创业者，才能在激烈的市场竞争中脱颖而出，书写属于自己的辉煌篇章。

任务 1　了解创新与创业的概念

创新是一个民族进步的灵魂，是一个国家兴旺发达的不竭动力，也是一个组织或企业永葆生机的源泉。近代以来，人类文明进步所取得的丰硕成果，主要得益于近代启蒙运动所带来的思想观念的巨大解放，得益于科学发展、技术创新和工程技术的不断进步，得益于科学技术应用于生产实践中形成的先进生产力。可以这样说，人类社会从低级到高级、

从简单到复杂、从原始到现代的进化历程，就是一个不断创新的过程。不同民族发展的速度有快有慢，发展的阶段有先有后，发展的水平有高有低，究其原因，民族创新能力是一个主要因素。

创业对于一个国家、一个社会而言，有着不可替代的稳定社会、繁荣经济、推动进步、创造价值、增长财富等重要作用，是人类文明进程中最活跃的生产要素。没有创业，社会发展会变得缓慢，人类文明进程会受到阻滞。

创新是人类活动当中的必然选择与结果，是社会进步、经济发展的根本需要。从现实意义上讲，没有创新，就没有经济发展和社会进步。创业是人类在经济领域活动当中的必然选择与结果，是社会进步、经济发展的必然路径。从历史长河来看，没有创业，就没有经济增长，财富积累，社会繁荣。创新和创业是当前乃至未来决定社会进步和经济发展的两个关键性要素，是人类文明历史进程中不可或缺的因素。

一、理解创新

（一）创新的含义

有人说，创新是创造性活动。还有人说，创新是发现新东西。1912 年，美籍奥地利经济学家约瑟夫·阿罗斯·熊彼特（Joseph Alois Schumpeter）首次从经济学角度系统地提出了创新理论。经济学者认为，创新是企业家的职能，是企业家对生产要素的新组合，即企业家把一种从来没有过的生产要素和生产条件的新组合引入生产体系之中，从而实现经济发展的动态性和循环性。

创新起源于拉丁语，主要有三层意思：第一层，更新；第二层，创造新的东西；第三层，改变。一般认为，创新就是"创造和发现新东西"。它包括狭义与广义两个范围。狭义上的创新，是对旧事物进行再创造，致使旧事物的状态或模样发生改变。广义上的创新，是对旧事物发展过程采取新创意、新举措，致使其发生变化。创新一词适用于各行各业、各个领域。它既是一个过程，也是一个结果；既包括意识行为，也包含实践行为。

概括而言，创新是指以已有的思维方式提出不同于常规或常人的观点并以之为导向，依据理想化需要或以满足社会需要为目的，运用现有知识对事物进行特定环境下的改进或创造新的事物、方法、元素、路径、环境，并获得一定有益效果的行为。

创新的本质是突破，即突破旧的思维定式、旧的规律。创新活动的核心是"新"，它或者是产品的结构、性能和外部特征的变革，或者是造型设计、内容的表现形式和手段的创造，或者是内容的丰富和完善。

创新，是以新思维、新发明和新描述为特征的一种概念化过程。创新是人类特有的认识能力和实践能力，是人类主观能动性的高级表现，是推动民族进步和社会发展的不竭动力。一个民族要想走在时代前列，就一刻也不能没有创新思维，一刻也不能停止创新。创新在经济、技术、社会学以及建筑学等领域中举足轻重。从本质上说，创新是创新思维蓝图的外化、物化、形式化。

延伸阅读

初识创新

创新是社会进步的动力

在人类历史的长河中，创新一直是推动社会进步和发展的重要力量。一个简单而实用的发明——创可贴的诞生过程，就生动地体现了这一点。创可贴，这一看似普通的外用药品，其背后却隐藏着一段充满爱与智慧的创新故事。故事的主人公是埃尔·迪克森，他是某知名公司的一名职员。迪克森与约瑟芬·奈特结婚后，开始了幸福的生活。奈特太太喜欢为丈夫准备食物，但时常伤到自己。当时的绷带虽然可以包扎伤口，但固定效果不佳，且家务活动常会让绷带脱落。迪克森看到妻子受伤时很心疼，这激发了他的创新思维。他开始尝试在胶布的中间贴上纱布，这样不但使用方便，而且不易脱落。这个充满爱的创意，最终演变成了我们今天所熟知的创可贴。

创可贴的诞生，不仅解决了日常生活中的一个小问题，更体现了创新在推动社会进步中的重要作用。首先，创新提高了人们的生活质量。创可贴的出现，使人们可以更方便、快捷地处理小伤口，减少了感染和疼痛的风险。其次，创新促进了产业的发展。随着创可贴市场的不断扩大，相关产业也得到了快速发展，为经济增长提供了动力。最后，创新激发了人们的创造力和想象力。迪克森的创新故事，激励着更多人勇于尝试新事物，不断追求进步和突破。

创可贴的诞生过程，只是人类历史上众多创新案例中的一个缩影。从古至今，无论是远古时代的钻木取火，还是现代社会的互联网技术，创新始终是推动社会进步的重要力量。它让我们能够更好地认识自然、改造自然，提高生产效率和生活质量。同时，创新也促进了文化的繁荣和社会的进步，使人类社会不断向着更加文明、发达的方向发展。

（二）创新的类型

创新按照不同的标准可分为以下类型：

按照内容，创新可分为知识创新、技术创新、服务创新、制度创新、组织创新、管理创新等。

按照涉及的领域，创新可分为经济创新、科技创新、社会创新、文化创新、艺术创新、商业创新、农业创新、国防创新、教育创新等。

按照行为主体，创新可分为政府创新、企业创新、团体创新、大学创新、科研机构创新、个人创新等。

按照方式，创新可分为独立创新、合作创新等。

按照影响程度，创新可分为渐进性创新、突破性创新、革命性创新等。

按照效果，创新可分为有价值创新、无价值创新、负效应创新等。

按照程度，创新可分为首创创新、改进创新、仿制创新等。

按照路径，创新可分为理论性创新和实践性创新等。

（三）创新的方式

创新的方式有以下7种。

1. 开拓式创新

开拓式创新是最有价值、最有难度且为全新式的一种创新。此种创新所创造的事物是历史上不曾出现过的，往往对历史进程具有深远的影响。它通常伴随着天才人物的灵光乍现，具有偶然性，如牛顿创立经典物理学、爱因斯坦提出相对论、哥伦布发现新大陆、乔布斯带领苹果公司发明个人电脑和iPhone手机等。

2. 升级式创新

升级式创新是对原有产品的完善和更新。它对社会发展、经济促进、技术进步依然具有很重要的意义。例如，比尔·盖茨虽不是图形化操作系统的发明者，但其微软公司的Windows系统几乎"统治"了个人电脑。

3. 差异化创新

差异化创新是基于定位理论下营销实战的结晶，是消费者驱动的创新模式，对开拓新市场具有实际意义，如专门给老人使用的手机、定位为办公的笔记本电脑、专用于越野的吉普车等。

4. 组合式创新

组合式创新是基于新需求下对各相关要素进行重新组合的创新方式。比如，给手机装上摄像头，才有"照相""扫一扫"等功能；给车辆装上摄像头，车辆才有倒车影像和行车记录；给牙刷装上电动机，牙刷才有电动功能。组合式创新不依赖技术进步，而是对新需求的敏锐洞察。

5. 移植式创新

移植式创新是一种把A领域的技术或模式移植到看似无关的B领域，从而创造出新的产品或模式的创新方式。比如，吉列在剃须刀领域发明了"刀架＋刀片"模式，以低利润率的刀架作为占领市场的基础，通过销售刀片来赚钱；亚马逊的Kindle在策略上与吉列如出一辙，以低利润出售Kindle，以Kindle的普及来带动电子书的销售。

6. 精神式创新

精神式创新即从人们的情感、文化、价值观层面博得共鸣，实现创新。精神式创新难度较大，因为能够洞察出具有普适性的情感、文化、价值观输出的企业或人才相对较少。

7. 破坏式创新

行业新进入者相对行业领先者，唯一的优势就是没有后顾之忧，可以制定新的、带有破坏性的行业规则，将行业领先者拉到与自己相同的水平线上，用他的经验打败行业领先者，这就是破坏式创新。如淘宝与易趣的竞争，易趣收取商家的上架费，交易也收佣金，淘宝则打出免费牌，一下子就吸引了商家，这就是典型的破坏式创新案例。

（四）创新的方法

创新的方法主要包括模仿创新法、创意列举法、类比创新法、头脑风暴法、组合创新法、逆向转换法、移植创新法等。

模仿创新法是指人们在模仿旧事物的过程中创造出与其类似的事物的创造方法。它又可分为机械式模仿(其特征是把别人的成功经验和先进生产方式直接吸收过来)、启发式模仿(其特征是在其他对象的启发下完成创造)、突破式模仿(其特征是发生了质的变化，将其他事物转化成自己的东西，往往是全新的创造)3 种。

创意列举法是将具有创新性的想法逐一列举的方法。它又可分为属性列举法(其特征是先观察和分析属性特征，再针对每项特征提出创新性构想)、希望点列举法(其特征是不断提出理想和愿望，针对理想和希望进行创新)、优点列举法(其特征是逐一列出事物的优点，进而探求解决问题的方法和改善对策)、缺点列举法(其特征是列举和分析缺点和不足之处，找出解决问题的方法和改善对策)4 种。

创意列举法

类比创新法是根据两个或两类对象之间的某些方面的相同或相似之处，推理出它们在其他方面可能相同的一种思维形式和逻辑方法。它可分为直接类比法(其特征是直接寻找与其相似的事物并由此获得灵感)、拟人类比法(其特征是解决某些问题时，设想自己变成了问题中的某些事物，从而去设身处地、身临其境地感受问题的本质)、幻想类比法(其特征是发明者在发明创造中，通过幻想类比进行分析，从中找出合理的部分，从而逐步达到发明的目的，设计出新的发明项目)、对称类比法(其特征是根据两个或两类对象之间的纵向的对称关系进行类比)、因果类比法(其特征是根据已经掌握的事物的因果关系与正在接受研究改进的事物的因果关系之间的相同或类似之处，寻求创新思路)、仿生类比法(其特征是通过仿生学对自然系统生物进行分析和类比，寻找创新方法)、综合类比法(其特征是将两个事物的相似特征进行综合类比，在其中寻找创造性设想)。

头脑风暴法通过小型会议的组织形式，让所有参加者在自由畅快的氛围中，自由交换想法，以此激发与会者的创意和灵感，从而引发脑海的创造性"风暴"。它可分为直接头脑风暴法和反头脑风暴法。前者是通过专家群体决策尽可能激发创造性，产生尽可能多的设想的方法；后者则是对前者提出的设想、方案逐一质疑，分析其现实可行性的方法。

头脑风暴法

组合创新法是按照一定的技术原理，将两个或多个功能元素合并，从而形成一种具有新功能的新产品、新工艺、新材料的创新方法。它分为主体附加法（在主体物上附加其他物，改变其功能或使用价值）、异类组合法（将两种或两种以上的不同种类的事物组合，产生新事物）、同物自组法（将若干相同的事物进行组合，实现创新）、重组组合法（把原事物分解成若干组成部分后，再用新的创意重新组合起来，通过改变各组成部分的相互关系，达到事物在功能或性能上发生有利变化的目的）。

逆向转换法是从事物原理的相反方向进行思考的方法。它可分为功能逆向法（将事物的功能进行反向思考）、过程逆向法（将事物的过程进行反向思考）、因果逆向法（依据事物的因果关系进行反向思考）、结构或位置逆向法（根据事物的结构或位置进行反向思考）、观念逆向法（根据事物的观念进行反向思考）。

移植创新法是将某一领域中已有的原理、技术、方法、结构、功能等，移植应用到另一个领域而产生新事物、新观念、新创意的构思方法。它可分为原理移植法（根据事物不同的要求和目的进行移植创新）、方法移植法（将已经存在的计算、设计或制作方法移植到其他领域）、回采移植法（对被弃置不用的"陈旧"事物，用现代技术重新回收加工，从而变成新的可以继续使用的物品，主要是对材料、制造过程以及信息控制加以改造，形成创新）、功能移植法（把不同领域中的一系列通用技术，以某种形式应用于其他领域）。

（五）创新的途径

创新的途径主要有理论创新和实践创新两种。

1. 理论创新

理论创新是指人们在社会实践活动中，对出现的新情况、新问题，做新的理性分析和理性解答，对认识对象或实践对象的本质、规律和发展变化的趋势做新的揭示和预见，对人类历史经验和现实经验做新的理性升华。简单地说，理论创新就是对原有理论体系或思想观念的新突破，对原有理论和方法的新修正、新发展，以及对理论禁区和未知领域的新探索。

依据理论创新实现的不同方式，可以把理论创新分为5种，即原发性理论创新、阐释性理论创新、修正性理论创新、发掘性理论创新和方法性理论创新。

（1）原发性理论创新：新原理、新理论体系或新学派的架构与形成。

（2）阐释性理论创新：依据社会实践的需要，清除旁人附加给原有理论的错误解释，对其思想资料和原理进行梳理归纳，恢复理论本来的面目。

（3）修正性理论创新：在肯定和继承原有理论的基础上，根据实践的需要对原有的理论体系和原理做出新的补充和修改，做出新的论证和发挥。

（4）发掘性理论创新：前人已经提出的某些理论，由于各种原因被遗忘、掩埋、淡化，如今根据时代的需要把它重新凸显出来，使其重放光芒。

（5）方法性理论创新：从社会科学研究方法和学科体系角度，用新的原则、新的模式或新的视角，对社会实践问题做出新的解释，实现社会科学研究方法、思想的更新。

2. 实践创新

实践创新就是在具体的实践中，运用创新的理论和方法，探索出新的实践方式、途径及其方法，从而解决事物发展中出现的新问题。它包括两种方式：一种是基于现实问题而对解决方案进行调整，从而实现创新。这需要具备对解决问题的方法、途径、方式以及内容上的创新，因此创新的难度相对较低，而对信息整合能力要求较高。另一种是基于现实问题并参照其他知识对解决方案所进行的开创性创新。这需要具备多视角、多维度、多知识的综合创新能力，因而创新难度较大，需要有较好的信息整合能力和创造力。

二、认识创业

（一）创业的含义

有人说，创业是为了生存并且实现自我价值的实践活动。也有人说，创业是创造出某种"有价值的"新事物的过程。还有人说，创业需要贡献必要的时间，付出极大的努力，并且为此承担必然存在的风险。

"创业教育之父"杰弗里·蒂蒙斯（Jeffry A. Timmons）教授认为，创业是一种思考、推理结合运气的行为方式，它为运气带来的机会所驱动，需要在方法上全盘考虑并拥有和谐的领导能力。创业是一种劳动方式，是一种需要创业者运营组织，运用服务、技术、器物作业的思考、推理和判断的行为。

创业有狭义和广义之分。广义的创业是指人类的创举活动，或者指带有开拓、创新并有积极意义的社会活动，涉及政治、经济、军事、文化、科学、教育等各个方面。只要是人们以前没有做过的，会对社会产生积极影响的事业，都可以说是创业。如中国共产党领导中国人民开创的社会主义革命和中国特色社会主义建设事业，带领中国人民从站起来到富起来，再到强起来，这便是一项伟大的创业之举。狭义的创业特指个人或者团队自主创办企业，通常带有经济学的视角。美国著名管理学大师彼得·德鲁克（Peter F. Drucker）认为，任何敢于面对决策的人，都可能通过学习成为一个创业者并具有创业精神。创业是一种行为，而不是个人性格特征。创业是一种可以组织并且需要组织的系统性工作。

综上所述，我们把创业理解为：创业者不拘泥于当前资源的约束，整合资源追求机会并最终实现价值创造的行为过程。

（二）创业的类型

创业按创业者动机、创业者对象以及技术类型可分为三大类，如表1-1所示。

表 1－1 创业的类型

分类标准	种类	特　征
创业者动机	生存型创业	从创业者生存需要的目的出发，集合个人或家庭资金，根据个人能力、经验，寻求风险较低的行业所进行的创业。这种类型的创业者，其年龄多为 45～54 岁，与学历高低不相关，主动回避技术性较高的行业，且创业资金相对缺乏
	机会型创业	从创业者成功机会大小的角度出发，募集资金，依据市场机会大、回报率高的行业所进行的创业。这种类型的创业者，其年龄多为 25～44 岁，与学历高低密切相关，有较多筹措资金的渠道，技术性相对较高
创业者对象	独立型创业	创业者个人或团队白手起家的创业。其特点是责、权、利高度统一，目标明确，手段强劲，成本低，效率高；但其一般经营规模小、方式单一，决策随意且孤军奋战
	合伙型创业	两个人以上的创业者通过订立合伙协议，共同出资、合伙经营、共享收益、共担风险、共担责任的创业模式。其特点是起点高，资金足，规模较大，收益较高，决策不容易变动，风险相对较小；但容易受内部协作、利益分配、能力高低、合伙人撤资等因素影响
技术类型	传统技能型	利用与传统技术、工艺相关的项目进行的创业，如独特的技艺或配方。这种类型的创业一般都会有市场优势
	高新技术型	利用知识经济项目、高科技项目进行的创业。其特点是投资大，知识与技术以及人才的密集度高，研发费用高，而附加值回报也高
	知识服务型	利用提供知识、信息服务的项目进行的创业。其特点是投资少、见效快、收益较高

（三）创业的方式

1. 生产性实体创业

生产性实体创业是指创办以生产性为主体的企业所进行的创业。这种类型的创业如电子玩具厂、衣料加工厂的创办等。

2. 非生产性服务创业

非生产性服务创业是指创办以非生产性为主体的企业所进行的创业。这种类型的创业如商业性企业、服务性企业的创办，以及借助网络平台进行的创业，即进行电子商务营销。

3. 综合性一条龙式的创业

综合性一条龙式的创业是指创办集生产性和非生产性为一体的企业，典型的企业如肯德基。饼业及面包业的企业多采取此方式。

（四）创业的要素

创业是一项艰苦的事业，是一个复杂和复合的系统。创业需要很多的前提条件，不是仅有一个想法、一个机会，依靠创业者的个人才智或运作的资本就可以成功的。创业是需要在充分发挥创业者个人素质和能力、团队人力资本智慧，拥有足够资金支撑和人脉支撑的基础上，通过创业目标的指引，才能完成的一个过程。可以说，机会、创业团队和资源等构成了创业的关键要素。

杰弗里·蒂蒙斯在其著作《战略与商业机会》中提出了蒂蒙斯创业过程模型，认为机会、资源、创业团队是创业的重要因素，如图1-1所示。

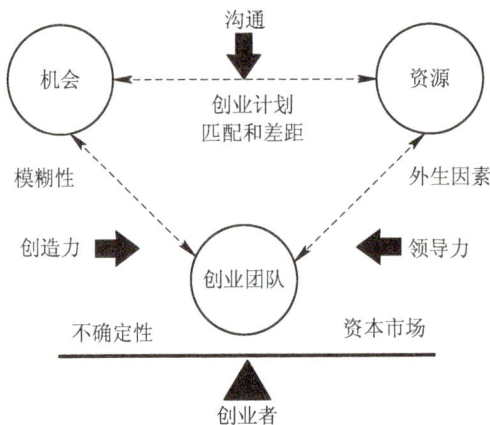

图1-1　蒂蒙斯创业过程模型

蒂蒙斯创业过程模型的含义如下：

第一，机会是创业过程的核心驱动力，创业团队是创业过程的主导者，资源是创业成功的必要保证。创业过程始于创业机会，而不是钱、战略、网络、团队或创业计划。开始创业时，机会比资金、团队的才干和能力及适应的资源更重要。在创业过程中，资源与机会之间经历着一个适应→差距→适应的动态过程。创业计划的作用在于提供沟通创业者、机会和资源3个要素的质量和相互间匹配与平衡状态的语言和规则。

第二，创业过程是机会、创业者和资源3个要素匹配和平衡的结果。处于模型底部的创业者或工作团队要善于配置和平衡，借此推进创业过程。他们必须做的核心工作是：对机会的理性分析和把握，对风险的认识和规避，对资源的最合理的利用和配置，对工作团队适应性的分析和认识。

第三，创业过程是一个连续不断寻求平衡的行为组合。在3个要素中，绝对的平衡是不存在的，但企业要保持发展，必须追求一种动态的平衡。要保持平衡的观念，在展望企业未来时，创业者必须思考"目前的团队是否能领导公司未来的成长""下一阶段将面临怎样的陷阱"等问题。这些问题在不同的阶段以不同的形式出现，关系到企业的可持续发展。

总之，创业者必须在推进业务的过程中，在模糊和不确定的动态创业环境中培养捕捉商机、整合资源、构建战略和解决问题的能力。

（五）创业过程的阶段

创业过程包括创业者从产生创业想法到创建新企业或开创新事业并获取回报的全过程，涉及识别机会、组建团队、寻求融资等活动。创业过程可大致划分为产生创业动机、识别创业机会、整合有效资源、创办新企业、新企业生存和成长5个主要阶段，如图1-2所示。

图1-2 创业过程的阶段

1. 产生创业动机

创业动机是识别创业机会的前提，是创业的原动力，推动创业者发现和识别市场机会。创业活动的主体是创业者，创业活动首先取决于个人是否希望成为创业者。创业动机不仅是打算创业的一时冲动，更是对创业目标与预期收益的深思熟虑。

一个人能否成为创业者，直接受以下3个方面因素的影响：

（1）个人特质。创业者的个人特质主要指创业者个体的心理特征、背景经验和技能水平。每个人创业精神的强度不同，并受环境影响。如温州人的创业动机相对较为强烈。经济学家钟朋荣曾将温州创业精神概括为：白手起家，艰苦奋斗的创业精神；不等不靠、依靠自己的自主精神；闯荡天下、四海为家的开拓精神；敢于创新、善于创新的创造精神。[1]

（2）创业机会。创业机会的增多会形成巨大的利益驱动，促使更多的人创业。产业结构的变化、科技的进步及价值观与生活形态化等多方面的因素使创业机会增多，同时也降低了创业门槛，进而形成更大的创业热潮。

（3）创业的机会成本。机会成本是指为了得到某种东西而要放弃另一些东西的最大价值，也可以理解为从多个方案中进行抉择时，被舍弃的选项中的价值最高者是本次决策的机会成本。创业者如果不创业而是从事其他工作，他们获得的收入和需求的满足程度会比自己创业低。

2. 识别创业机会

创业始于对创造价值机会的识别。个人投资创业要善于抓住机会，把握住了一个稍纵即逝的投资创业机会，就等于成功了一半。

有的创业者认为自己有很好的想法和点子，对创业充满信心。有想法、有点子固然重

---

[1] 钟朋荣. 民富论[M]. 郑州：河南人民出版社，1999：9.

要，但是并不是每个大胆的想法和新异的点子都能转化为创业机会。仅凭想法而创业失败的例子很多。那么如何判断好的商业机会呢？杰弗里·蒂蒙斯教授提出，好的商业机会有以下 4 个特征：第一，它很吸引顾客；第二，它在创业者所在的商业环境中能行得通；第三，它必须在机会之窗①存在的期间被实施；第四，创业者必须有资源（人力、财力、物力、信息、时间）和技能才能创立业务。

3. 整合有效资源

创业资源是指企业在创业的全过程中先后投入和利用的企业内外的各种有形的和无形的资源总和。

创业资源可以从不同角度分类。

（1）创业资源按形态分为有形资源和无形资源。企业作为一种社会经济组织，在拥有厂房、场地、设备、资金等有形资源的同时，也拥有着种类繁多、不易计量与把握的无形资源，如企业名称、商标、商誉、专利、专有技术、营销能力、管理制度、信息资料、企业文化等。

（2）创业资源按控制主体分为内部资源和外部资源。内部资源是指存在于企业内部，创业企业可以垄断与控制的创业资源；外部资源是指存在于企业外部，但可以被企业利用和共享的创业资源，如政府政策、法律、社会文化、社会化服务体系等环境资源。内部资源与外部资源是可以相互转换的，如通过购买、引进和政府特许等方式可以将外部资源转化为内部资源。当然，企业也可以出售、转让企业的内部资源以获取外部资源。

（3）创业资源按利用方式分为直接资源和间接资源。直接资源一般是企业可以利用的内部资源。间接资源（如环境资源）则必须通过创业企业的内部管理资源转化，才能为企业所用。

（4）创业资源按其内容和作用可分为创业的人力资源（主要是创业者和创业团队）、创业资本、创业管理资源、创业技术资源、创业信息资源以及创业的环境资源等。

资源是创业的基础性条件。整合资源是创业者发现机会的重要手段。由于创业过程实际上也是企业产生与壮大的过程，在整个创业过程中必然要依赖和聚集并利用各种资源。

4. 创办新企业

新企业的创办和新事业的诞生是衡量创业者创业行为的标志，创办新企业包括公司制度设计、办理企业注册登记、选择经营地址，确定进入市场途径等。创业者有时要在是创建新企业还是收购现有企业进入市场的不同途径之间进行选择。

5. 新企业生存和成长

创业者在整合资源、创办新企业之后，接下来要面对的是新企业的生存和成长的问题。这是创业过程中的重要环节。确保新企业生存是创业者必须面对的挑战，但创业者应该考

---

① 机会之窗是指商业想法推广到市场上所花费的时间，若竞争者已经有了同样的想法，并已把产品推向市场，那么机会之窗也就关闭了。

虑的不仅仅是生存的问题,更重要的是企业长期发展的问题。创业者需要了解企业成长的一般规律,预见企业不同成长阶段可能面临的问题,采取有效的措施予以防范和解决。

任务 2　掌握创新与创业的关系

创新与创业既相似又有区别,既相互独立又相互作用,因此它们是辩证统一关系。人们的创业活动离不开创新,创新为创业提供动力和条件,帮助企业增强竞争活力,并带来新的机会。一个缺乏创新精神、创新能力的创业者,是很难获得竞争优势的。创业是创新的表现形式和载体,是将创新成果推向市场的重要路径。

一、创新与创业的区别

创新与创业虽然都具有开创新事物之意,但两者在内涵上有着明显的区别。

(一) 二者的视角与目的不同

创新与创业视角与目的的区别如图 1-3 所示。

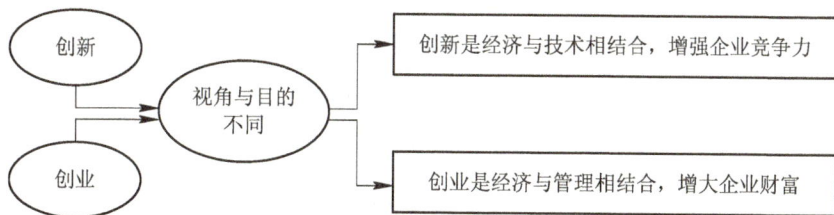

图 1-3　创新与创业视角与目的的区别

创新是指人类为推动经济与社会发展,自觉地将创造性思维活动的结果运用于社会实践,创造出新颖独特的、具有一定社会价值的政治、精神和物质产品的活动。它是生产要素和生产条件的一种从未有过的新组合,这种新组合能够使原来的成本曲线不断更新,由此会产生超额利润或潜在的超额利润。其目的是实现事物再发展所进行的新突破,是对原事物的状态、功能、结构等方面进行改变,增强企业竞争力,并促进其成长。

创业是一个跨学科、多层面的复杂现象,是从经济与管理相结合的角度,通过必要的时间和努力发现与把握商业机会,以及创建企业或进行企业组织结构创新,筹集并配置各种资源,将新颖的产品或者服务推向市场,从而实现企业经济价值和社会价值的过程。其目的是盈利,创造更大价值。

(二) 二者的本质特征与基本属性不同

创新与创业的本质特征与基本属性不同,如图 1-4 所示。

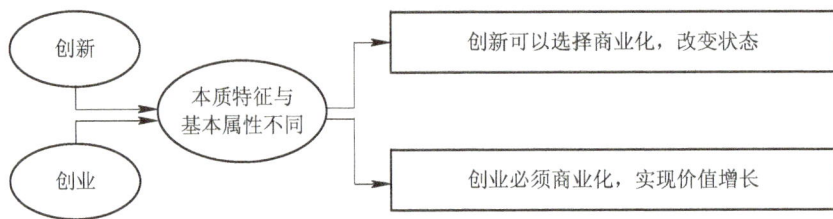

图 1-4　创新与创业本质特征与基本属性的区别

创新一定会带给市场一种新东西，可以是一种新产品、新服务或者新生产过程，可以将其商业化，也可以不商业化。创新的基本属性是状态改变，即具有与原事物不同状态的新的属性。

创业就是创建一个企业，将成果商业化以获取利润。创业的基本属性是实现价值增长，即借助创立实业来实现价值的递增与财富累积。

（三）二者的表现形式与侧重点不同

创新与创业的表现形式与侧重点不同，如图 1-5 所示。

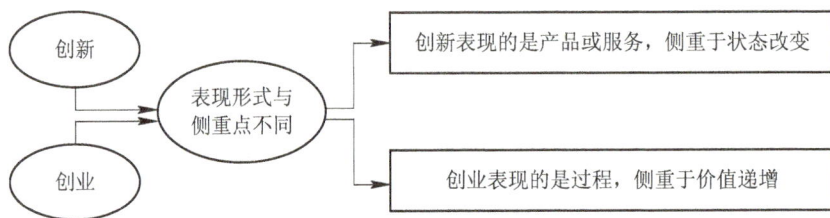

图 1-5　创新与创业表现形式与侧重点的区别

从两者的本义出发，创新和创业既是手段、过程，也是结果。但因两者的侧重点不同而由此产生的表现形式也有所不同。创新侧重结果状态上的新的改变，故此所表现出来的是新的或改进的产品、过程或服务等结果；创业侧重结果形式上的价值递增，故此所表现出来的是借助创业这种手段而获得创新的利润过程。

二、创新与创业的联系

创新与创业之间存在既相互独立又相互作用的关联性，如图 1-6 所示。

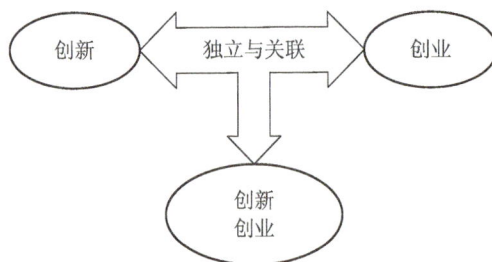

图 1-6　创新与创业的联系

(一)创新与创业相互独立

创新与创业是相互独立的,这是由其各自的目的性和基本属性所决定的。创新可应用于各行各业,可以不与创业有任何的关联,即创新都有其存在的独立性(见图 1-7)。创新与创业虽然在某些情境下紧密相连,但它们本质上是相互独立的两个概念。创新广泛存在于各行各业之中,其核心在于改变现有状态、激发新的活力与可能性。无论是科技研发、艺术设计还是社会服务等领域,创新都是推动行业进步、提升竞争力的关键因素。而创业则更多地聚焦于经济领域,它强调的是通过创立新企业或项目,将创新理念或技术转化为实际产品或服务,从而实现个人或团队的价值,并为社会创造新的财富。因此,虽然创新和创业在实践中常常相辅相成,但它们在定义、目标和适用范围上保持着各自的独立性。创新可以独立于创业存在,为行业带来变革;同样,创业也不一定依赖颠覆性的创新,而可以在现有框架下寻求商业机会。

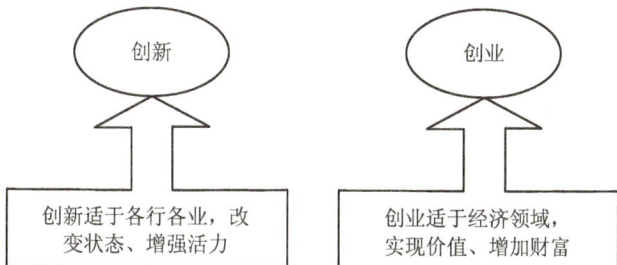

图 1-7 创新与创业的相互独立性

(二)创新与创业相互关联

创新与创业彼此契合,相互作用,如图 1-8 所示。

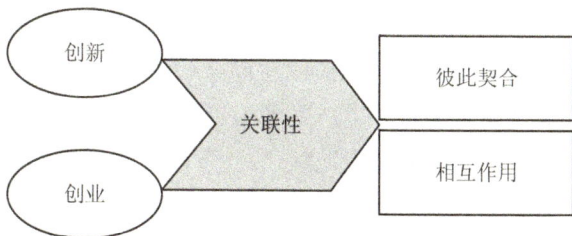

图 1-8 创新与创业的相互关联性

1. 创新与创业彼此契合

(1)本质上的契合与内涵上的包容。创新与创业在本质上都是为了促进社会进步、经济发展所进行的系列活动。创新是生产要素和生产条件的新组合,使创业成本曲线不断更新,由此产生超额利润或潜在的超额利润。创新活动的这些本质体现着它与创业活动性质上的一致性、包容性和关联性。

（2）实践中的互动发展与彼此促进。创新是创业的基础，创业推动着创新。一方面，总体上，科学技术、思想观念上的创新，可以促进人们物质生产和生活方式的变革，引发新的生产、生活方式，为整个社会提供新的消费需求，这是创新推动源源不断的创业活动的根本动因。另一方面，创业在本质上是给人们搭建创新性实践活动的一个载体，因此它的任何一种能动的、开创性的实践活动，都是一种高度自主行为，主体主观能动性将会得到充分发挥。正是这种主体能动性充分体现了创业的创新性特征。

2. 创新与创业相互作用

（1）创新要借助创业实现更新的目的，创业要借助创新实现价值的增长。创新是创业的动力和源泉，是创业的本质和基础。创新需要借助创业平台，更好地发挥其作用。创业通过创新拓宽商业视野，获取市场机会，整合独特资源，增进价值累积，推进企业成长。创新能力是最重要的创业资本。创业者只有在创业过程中不断地培养旺盛的创新精神、创新意识，培养独特、活跃的科学思维方式，才能产生富有创意的想法或方案，才能不断寻求新的思路、新的方法、新的模式、新的出路，最终成功创业。

（2）创新的价值常常体现在创业上，创业的价值在于推动与深化创新。创新的价值就在于将潜在的知识、技术和市场机会转化为现实生产力，实现社会财富的增长，造福社会。而实现这种转化的根本途径就是创业，通过创业实现创新成果的商品化和产业化，将创新的价值转化为具体、现实的社会财富。创业者要成功创业，必须具有能发现潜在商业机会并敢于冒险的特质，同时要善于将科技创新成果推向市场，使其潜在价值市场化，从而使企业获得利润。

创业可以推动新发明、新产品或新服务的不断涌现，创造出新的市场需求，从而进一步推动和深化科技创新，因此也就能提高企业其至是整个国家的创新能力，从而推动经济增长。创业的关键在于创新，创新是创业的源泉，持续创新必然推动和成就创业。创新和创业相辅相成，二者是一个动态整合、集成与优化的过程。在这个过程中，创新精神、创业能力和敏锐的市场意识始终是创业成功和企业持续成长的内在动力。

创新可以为创业创造更多的机会，带来更多的价值增长，创业可以为创新提供科研经费、便利条件，两者之间相互依存和相互促进。

（3）创业的本质与归属是创新，创新的本质是为创业创造更高价值。创业应该是具有创业精神的个体与有价值的商业机会的结合，是开创新的事业，其本质在于把握市场机会，创造性地整合资源、创新和超前行动。对于创业者及其所创建的企业来说，创新就是将新的理念和设想通过新产品，新流程、新市场需求以及新的服务方式有效地融入市场中，进而创造新的价值或财富的过程。

在当今时代，创新是创业者的最佳选择与机会。只有凭借创新这一手段，创业者才可以在日益激烈的竞争中脱颖而出，独占先机，才能在不借助传统手段进行生存的空间中占得一席之地。所以，将创新深度融合到创业或企业的发展之中，才是当下企业生存与发展的唯一出路。

马可·波罗的东西方合作与文化交流之旅

在13世纪末至14世纪初，意大利商人马可·波罗与他的父亲和叔叔踏上了一场前所未有的冒险之旅，他们从威尼斯出发，历经数年，穿越欧亚大陆，最终到达元朝时期的中国。这次旅行不仅是一次地理上的探索，更是东西方文化深度交流与合作的典范。

一、促进东西方贸易合作

马可·波罗的旅行开辟了著名的"丝绸之路"的新篇章，他不仅见证了东西方商品交易的繁荣，还亲自参与了贸易活动，将中国的丝绸、瓷器、茶叶等奢侈品带回欧洲，同时引入了欧洲的金银、珠宝和技术。这种贸易往来极大地促进了东西方经济的互补与发展，为后世国际贸易奠定了重要基础。

二、文化交流的桥梁

马可·波罗的《马可·波罗游记》详细记录了他在中国的所见所闻，包括中国的政治制度、城市风貌、日常生活、宗教信仰等，为欧洲人打开了一扇了解东方文明的窗口。他的著作激发了欧洲人对东方的无限好奇与向往，促进了东西方文化的深度交流与融合，为文艺复兴时期的欧洲带来了新思想和新灵感。

三、和平外交的先驱

马可·波罗的访问正值元朝与欧洲各国尚未建立直接联系的时代，他的到来实质上是一次非正式的"外交访问"，促进了双方之间的理解和尊重。马可·波罗以其开放的心态和尊重当地文化的态度，赢得了蒙古领导者的信任与友谊，为后世东西方国家间的和平交往树立了榜样。

四、科学知识的传播

马可·波罗不仅带回了东方的奇珍异宝，还向欧洲人介绍了中国的造纸术、火药等重要发明，这些技术的传播对欧洲科学革命产生了深远影响，推动了人类文明的进步。

马可·波罗的东西方合作与文化交流之旅，不仅是个人探险史上的传奇，更是人类历史上一次积极正向的文化交融与合作典范。它不仅促进了东西方贸易的繁荣，加深了双方文化的理解和尊重，还为后世留下了宝贵的文化遗产，激励着人们不断探索、学习和合作，共同推动人类文明的进步与发展。

项目 2　增强创新意识与思维

知识要点

1. 了解创新意识的内涵及特征。
2. 掌握培养创新意识的方法。
3. 掌握拓展创新思维的方法。

能力目标

1. 能够自觉提高自身的创新意识。
2. 能够主动拓展自身的创新思维。

思政目标

1. 树立独立意识有助于培养批判性思维和自我决策能力，要学会自主分析问题、独立思考解决方案。
2. 通过掌握发散思维、联想思维和灵感思维，能够突破传统思维框架，从不同角度和层面思考问题，提出新颖独特的解决方案。

案例导入

苹果公司的创新之路

在这个日新月异的时代，创新已成为推动社会进步和企业发展的核心动力。本项目聚焦于"增强创新意识与思维"，旨在通过具体任务的学习，培养个体及团队在面对挑战时敏锐捕捉机遇、勇于尝试新思路的能力。以下，以苹果公司的创新历程为案例，探讨增强创新意识与思维的重要性。

一、树立独立意识

苹果公司的成功，首先得益于其始终坚持的独立思考精神。在乔布斯时代，苹果拒绝盲目跟随市场潮流，而是基于对用户需求的深刻理解，推出了如 Macintosh 个人电脑、iPod 音乐播放器等一系列颠覆性产品。这些产品的诞生，无一不是基于对"什么是真正对用户有价值"的独立判断，展现了独立意识在创新过程中的关键作用。

二、树立怀疑意识

苹果鼓励员工对现状持怀疑态度，不断挑战既有规则和技术边界。例如，当智能手机市场被按键手机主导时，苹果敢于质疑这一传统设计，推出了全触控界面的 iPhone，彻底改变了手机行业的格局。正是这种怀疑精神，促使苹果不断探索未知，实现技术突破。

三、树立合作意识

苹果深知，伟大的创新往往源自跨领域的合作。从硬件设计到软件开发，从用户体验研究到市场营销，苹果构建了一个高度协同的创新生态系统。通过与供应商、开发者乃至全球用户的紧密合作，苹果不断推出如 APP Store 这样的创新平台，促进了技术与创意的交融，展现了合作对推动创新的重要性。

四、掌握发散思维

在拓展创新思维方面，苹果擅长运用发散思维，从不同角度审视问题。比如，iPad 的问世，就是苹果将电脑与手机的功能巧妙结合，创造了一个全新的产品类别，满足了用户在移动性与生产力之间的需求平衡，这得益于团队在研发过程中广泛的思维发散与探索。

五、掌握联想思维

苹果的设计哲学强调"简约而不简单"，这背后是强大的联想思维能力。通过将复杂技术隐藏在直观易用的界面背后，苹果让用户能够轻松联想到产品如何融入他们的生活，如 Siri 语音助手的推出，就是将人工智能技术与日常对话习惯相联系，极大地提升了用户体验。

六、掌握想象思维

在苹果的创新战略中，想象思维扮演着至关重要的角色。公司不断鼓励团队成员跳出传统思维框架，敢于想象前所未有的产品形态和服务模式。例如，iPhone 的推出就是一次颠覆性的想象实践，它将智能手机的概念推向了一个新的高度，集成了电话、音乐播放器、相机、互联网浏览器等多种功能于一体，彻底改变了人们的通信和娱乐方式。这种想象力的运用，不仅体现在产品功能上，也深入到了产品的外观设计、交互体验等多个层面，使得苹果的产品总能引领潮流，成为行业标杆。

七、掌握灵感思维

苹果的产品设计常常被誉为艺术与科技的完美结合，这离不开对灵感的敏锐捕捉。从 iMac 的多彩透明外壳到 Apple Watch 的精致工艺，每一次设计革新都是对美学与功能深度融合后的灵感迸发，体现了灵感思维在推动产品创新中的不可或缺。

苹果公司的创新之路生动诠释了增强创新意识与思维的重要性。无论是树立独立、怀疑、合作意识，还是掌握发散、联想、灵感思维，都是推动个人成长、企业进步乃至社会变革的关键。通过本项目的学习，我们期望每位读者都能像苹果一样，成为创新浪潮中的弄潮儿，共同开创更加美好的未来。

任务 1 培养创新意识

面对创新意识培养过程中存在的问题，大学生应该怎么做呢？首先应该从培养独立意识、问题意识、怀疑意识、合作意识等方面入手，树立创新意识，以提升自身的创新能力。

创新意识

一、树立独立意识

创造性最讲究独一无二。因此，培养创新意识，要注意独立意识的培养。独立包括具有独立的人格、独立获取知识、独立钻研问题，具有自己独到的见解，不依赖别人，不盲从别人的意见，独树一帜等。有的大学生回答问题时，总喜欢跟从大多数人，没有主见，或者一遇到问题总是依赖别人，不去独立思考；有的人妄自菲薄，因而谨小慎微，唯唯诺诺。这些都是缺乏独立意识的表现。

（一）独立意识的含义及特征

1. 独立意识的含义

独立意识也叫独立感，是指个体希望摆脱监督和管教的一种自我意识倾向。独立意识是主体性的首要表现。独立意识强的人，在日常学习、工作和生活中，能表现出自己的独特个性和自主意识；有积极的符合实际的自我认识和自我评价；有较强的自尊心和责任感；有自己的分析和主见，并能果断地做出决断；有较强的自我教育能力。一个人只有具备了这样的特点，才有可能真正成为自己的主人。独立意识主要包括两个方面的内容：一是思想方面的独立性，即独立思考和判断的能力；二是实践方面的独立性，即学习工作、社会交往等各方面独立处理问题或事件的行为能力以及生活上的独立自理能力。

2. 独立意识的特征

（1）具有自主精神。具有自主精神是独立意识的基本特征，是在客观现实的基础上对自我意识水平以及对本身特点的正确把握、控制和支配能力的体现。自主精神要求人们在尊重客观事实的基础上，在追求真理和政治参与的过程中，不依赖任何外在的精神权威，保持自身的独立性,在充分认识和肯定自我价值的前提下,经过深思熟虑做出判断,并坚信自己决定的合理性与科学性,进而有意识地调节和支配自己的行为,果断地采取行动,克服困难,坚持不懈地为之奋斗,实现预定目标。

(2)具有主观能动性。人与动物的最大区别是人具有主观能动性,人能够根据自己的需要,积极、主动地改变或适应外界环境与条件的变化,以满足自己的需要。具备较强独立意识的人能够在现有条件的基础上根据自己的需要积极参与、主动投入社会实践,充分发挥自身主观能动性,在实践中提炼智慧,把知识内化为自己的能力,树立正确的世界观、人生观和价值观,创造性地改造事物,实现自己的目的。

(3)具有自我调控及自我教育能力。独立意识要求自身通过实践活动认识社会,掌握基本的生活技能和劳动技能,解决生活和工作中出现的问题,提高社会适应能力,使个体得到健康发展。同时,通过学习知识,达到生存、发展的目的,培养勇于开拓、创新、进取、独立的健全的人格,通过实践认识社会,思考人生,更好地适应社会与自身的发展。

(4)具有批判意识和能够进行自主选择。批判意识和自主选择即用具有批判的、理性的、反思性的思维方式看待和处理问题,并提出自己的意见,独立做出选择,并敢于捍卫自己的主张,做自己的主人,而不是屈从于他人或者外界的强迫或压力,成为别人的附庸。

(二)当代大学生独立意识的现状

1. 缺乏树立独立意识的自觉性

现在在校的大学生大多是独生子女,身上寄托着父母长辈的期望。为了能够给他们提供好的学习环境,父母将他们学习、生活各个方面安排得周到细致,他们在被呵护中成长,但这样做的后果是使他们失去了树立独立意识的机会和环境。比如,上大学由父母送到学校,每隔一段时间将脏衣服拿回家让父母洗等现象普遍存在。

2. 缺乏独立自主的学习能力

一些学生进入大学以后,出现了"船到码头车到站"的感觉,即心理学上的"动力真空带"和"理想间歇期",缺乏学习的积极性和动力。另外,由于空余时间增多和老师家长监督的消失,大学生容易感到不知所措,不能适应新的学习环境,学习无计划,缺乏学习的积极性和主动性,还有一部分大学生由此产生对学习的恐惧心理,面临学习困境。

(三)大学生如何培养自己的独立意识

大学生正处于人生的重要阶段,独立意识的培养对成长至关重要,可以从自身、家庭和学校三个方面入手,努力提升自己的独立性。

1. 自身努力是关键

(1)自我教育与提升。首先,需要加强自我教育,通过阅读书籍、积累知识来培养自立精神和自强精神。在日常学习中,要注重提升将所学知识转化为解决问题的能力,这样在遇到问题时,就能从头脑中提取出有用的信息,找到解决问题的方法。自立自强不仅仅是一种精神状态，更是实现自我发展和价值的基础。同时，要勇于面对挑战和困难，不依赖他人，通过自身努力去解决问题。这样，才能逐渐摆脱依赖心理，变得更加独立和自主。

（2）融入独立性强的群体。此外，还可以融入那些独立性较强的同辈群体。经过与他们的交流和互动，可以学习到他们的独立精神和行为习惯，进而激发自己的独立意识。同辈群体的影响有时甚于父母，他们的言行举止可以成为自我完善的参照。

2. 家庭环境中的独立意识培养

（1）父母的引导与支持。在家庭环境中，父母的独立意识培养起着至关重要的作用。他们应该树立培养大学生独立的意识，不溺爱、不迁就。同时，父母还应该通过简单的事务来锻炼大学生的独立自理能力。

（2）转变家庭教育观念。父母需要转变传统的教育观念，不以成绩作为评价的唯一标准，而应该关注大学生的个性发展和独立意识的培养，让其了解人生的真正价值，学会自己走自己的路。

3. 学校教育中的独立意识培养

（1）主动学习与探索。在学校中，应该转变学习方式，从被动接受知识变为主动探索知识。通过参与课堂讨论、课后自主学习等方式，发现自己的兴趣爱好，更加积极主动地学习。同时，还要注重培养自己的独立思考和创造能力。

（2）参与学校活动与实践。除了课堂学习，还应该积极参与学校组织的各种活动和实践项目。参与这些活动可以锻炼自己的组织能力和团队协作能力，提升自己的综合素质。同时，这些活动还有助于明确自己的学业和职业规划，为未来的职业发展打下坚实的基础。

（3）利用学校资源提升自我。学校为大学生提供了丰富的资源和平台，大学生应该充分利用这些资源来提升自己的独立意识，比如，参加学术讲座、专业研讨会等活动，拓宽自己的视野和知识面；利用图书馆的书籍和电子资源来深化自己的专业知识学习。

二、树立怀疑意识

（一）怀疑意识的内涵

巴尔扎克有句名言："问号是开辟一切科学的钥匙。"发明创造始于问题。问题就是矛盾，有了需要解决的问题，才需要思考，学习才有主动性。思维是由矛盾引起的，问题是矛盾的表现形式，学习中提不出问题是学习不深入的表现，能提出问题是肯于动脑的结果。现实生活中许多现象，有人熟视无睹，而有人却善于观察，问几个为什么，从而发现问题，有所创造。处处留心皆学问，凡事能问个为什么，就能有所发现，有所创造。

高校教育倡导学术创新，培养创新型人才。要真正实现创新，在理论和实践上获得首创和突破，就要敢于对现有研究成果产生怀疑，敢于否定和超越。

大胆怀疑是创新精神的能源和动力，是进行创新活动的前提和基础，是实现创新的第一步，但凡重大的创新成果，都是以怀疑、突破前人或同时代人的权威性见解为基础的。没有批判和怀疑，就无从发现问题，科技进步、社会发展就无从谈起。

怀疑精神不是故弄玄虚的姿态，不是标新立异的招牌。怀疑精神之怀疑是在尊重科学和事实的基础上大胆而谨慎地审视所给予的对象，而不是盲目地、随意地猜测，毫无根据地、捕风捉影地怀疑一切。怀疑是源于理性的思考，是一种提出和解决问题的手段，是研究的出发点，而不是最终目的。

在当前的教育模式下，"怀疑精神"一直是大学生所缺少的。如何培养自己的"怀疑能力"，值得深思。然而，仅仅会"怀疑"还不够，还要进一步培养理性的怀疑能力和探索求证的精神。合理的怀疑和积极、主动地探索求证，才是真正的怀疑精神，才能踏上通往创新的正确之道。

（二）培养怀疑意识的方法

1. 积疑、勤问

积疑是指大学生在学习时，要养成收集、记录生活学习过程中随时出现的疑问的习惯，可以准备一个专门记录疑难问题的笔记本，随时记录。每天要抽出几分钟时间整理疑难问题，针对问题进行思考，或请教同学、老师，并将思考结果记录在案。许多大学生一个学期都提不出一两个问题，或者有了问题但没有及时记录，等老师来了，又忘了问题是什么，半天想不起来。这些都不利于学习和创新。

勤问就是要多问，首先是问自己，其次是问别人。许多学习好的大学生都有勤问的习惯，他们经常给自己提问题，因此对事物的理解就比较深刻，思想也比较活跃。许多人发现，在学习中，凡是哪个地方自己以为懂了，没有什么好想的，却正是自己理解不够深刻的部分；凡是发现问题多的，倒是自己理解较为深刻的地方。心理研究表明，意识到问题的存在是思维的起点。问题意识不仅体现了个性思维的灵活性、深刻性，也反映了其独立性和创造性。在实际课堂教学中，问题意识对开发大学生的智力，培养大学生的创造能力具有同样积极的意义。从某种角度来说，教学过程实际上就是师生双方发现问题、提出问题和解决问题的过程。

2. 敢疑、穷问

敢疑是指要有坚持真理，挑战权威的勇气。不论是老师、书本或是其他权威，只要自己有疑问，就要敢于怀疑。有了怀疑，再去求证，去向别人请教，也许会有所创新；即使证明自己错了，也会获得经验，取得进步。在求证的过程中，要敢于穷问，对自己要多问几个为什么；请教别人时，也要打破砂锅问到底。穷问，是思维深刻的表现，也是创新突破的重要一环，在问的过程中，甚至还可以开展争论，争论可以激发灵感，促进思考深入。有一句名言："真理是从各种意见的冲突中得来的。"通过争论，发挥集体智慧，互相启发，相得益彰。

三、树立合作意识

在知识爆炸的时代，一个人的知识再丰富也相对有限，要进行创新，光靠个人的力量有时极难完成任务，人们必须学会协作。合作意识在现代创新中显得越来越重要。

（一）合作意识的含义

合作是指两个或两个以上的个体为了共同的目标（共同利益），自愿结合在一起，通过相互之间的配合和协调（包括言语和行为）实现共同目标（共同利益），最终个人利益也获得满足的一种社会交往活动。

美国社会学家哈里特·朱克曼对1901—1972年的286位诺贝尔奖获得者进行了统计，发现其中与别人合作进行研究的有185人。在诺贝尔奖设立的第一个25年，合作的比例是41%；在第二个25年，合作的比例上升为65%；在第三个25年，合作的比例上升为79%。这些数字说明合作已成为科学研究的一种趋势。

（二）培养合作意识的意义

培养合作意识，具有深远的社会意义，也能促进大学生学习能力的提高。

普遍的竞争气氛使社会愈来愈突出竞争精神和个人的成功，而学会合作能减少竞争的一些负面影响。例如，有些成绩优秀的学生出于保护个人竞争优势的考虑，可能会对复习资料、学习方法等保持一定的保密性，不愿轻易与他人分享。这种行为虽然在一定程度上体现了对竞争的敏感和自我保护意识，但也可能导致他们在成年后合作能力上的不足，因为在高度竞争的社会环境中，合作往往与竞争并存，是取得成功的关键因素之一。

相互合作而不相互争斗，在人类进化史的任何阶段，都是最有价值的行为方式。在有的学校，自学生踏入学校，老师就以协作式学习的方式教授合作价值观，并利用一切课程的学习和大量集体合作活动，使学生明白合作的重要性，懂得合作的技巧，学会遵守团队合作的基本原则。团队合作的成就反过来影响、鼓励着每个成员。社会、学校存在异常激烈的竞争：小学生必须通过考试的竞争，才能进入最好的初中，接着又必须面对更大的竞争以进入重点高中，然后又为进入屈指可数的几所著名学院和大学而奋斗。学会合作的人只是把竞争看成自己尽最大努力去争取成功的机会，而不是利用不正当的竞争手段去损人利己。团队合作精神使人们形成了"下围棋"的作风，即团结一致，为了共同的目标，可以牺牲几粒子以求得全局的胜利，竞争的负面影响在一定程度上被消除。

（三）培养合作意识的方法

1. 弘扬优秀传统文化

助人为乐是中华民族的传统美德，尊敬他人，关心帮助他人，是处理好人际关系的一个最基本要求。孔子主张的"己所不欲勿施于人"和"君子成人之美，不成人之恶"，以及孟子提出的"与人为善"和"老吾老以及人之老，幼吾幼以及人之幼"，都是助人为乐传统美德的具体表现。

5·12汶川地震后，全国上下团结一致的抗震救灾精神让人感动。地震发生时灾民之间互相帮助，团结一心，众志成城，最终度过最困难的时期。这种博大的团结精神，使大家心连心、手牵手，互相鼓励，互相支持，共同走出地震的阴影。

2. 校园文化的熏陶

丰富多彩的校园文化活动能帮助大学生处理好合作与竞争之间的关系，培养大学生处理团队合作与竞争之间关系的能力。其中，校园文体活动是很好的校园文化活动。因为文体活动的参与者是拥有不同技能、个性不同的个体，每个个体在活动中都有不同的角色和任务，在活动中所起的作用也不尽相同。

积极的文化氛围能拓展和提升生活意义。创设内容丰富、积极向上的班级环境和校园文化，让各种资源服务大学生的发展，能促使大学生间形成民主、和谐、相互理解、相互支持的人际关系，让他们的心灵互相滋养。个体生活与班级生活、学校生活、社会生活建立有机联系，能让大学生学会以主体的姿态参与班级生活，以团队合作的精神进行班级建设。在采用这些策略培育团队意识的过程中，大学生不再是被动地接受管理，而是主动地参与班级事务，参与集体活动；不再做视而不见、充耳不闻的旁观者，而是做丰富校园生活的设计者、实践者；不再单向地服从集体利益，而是能够自觉、主动地将自己融于集体之中，并在团队发展的过程中取得个人更大的进步。

延伸阅读

特斯拉在创新意识推动下的崛起

在创新创业的广阔舞台上，创新意识如同一股不竭的动力，推动着企业突破常规，开辟新天地。特斯拉，这家由埃隆·马斯克（Elon Musk）领导的电动汽车制造商，自其成立以来，就以其颠覆性的创新精神和前瞻性的技术视野，在全球汽车行业内掀起了一场革命。在传统汽车制造商依然沉迷于燃油车的时代，特斯拉却敏锐地捕捉到了可持续发展和环保出行的未来趋势，毅然决然地投身于电动汽车的研发与生产。

特斯拉的创新意识体现在多个层面。首先，在产品设计上，特斯拉打破了传统汽车的设计框架，其电动汽车不仅外观时尚、动感，更在性能上实现了对传统燃油车的超越。例如，特斯拉的 Roadster（2008 年推出）作为首款使用锂离子电池的量产电动汽车，其续航里程和加速性能都令人瞩目，彻底改变了人们对电动汽车的固有印象。

其次，在技术创新上，特斯拉更是走在了行业的前列。它自主研发了电动汽车的核心技术——电池管理系统和电动机，极大地提高了电动汽车的能效和续航能力。此外，特斯拉还推出了 Supercharger 超级充电站，为电动汽车提供了快速充电的解决方案，进一步消除了消费者对电动汽车续航能力的担忧。

更为重要的是，特斯拉在商业模式上也进行了大胆的创新。它摒弃了传统汽车制造商通过经销商销售汽车的模式，而是采用了直营销售和在线销售相结合的方式，直接与消费者沟通，降低了销售成本，提高了服务效率。同时，特斯拉还通过软件更新和升级，为车主提供了持续的产品优化和增值服务，开创了汽车行业的新商业模式。

正是这些创新意识，使得特斯拉在短短几年内就从一家初创企业成长为全球电动汽车行业的领军企业。它的成功不仅证明了创新意识在创新创业中的重要性，更为其他企业树立了榜样，激励着更多的创业者勇于突破常规，追求创新。

任务 2　拓展创新思维

创新思维

拓展创新思维是创业者提升机会识别能力、发掘更多创业可能性的关键。在日益激烈的商业竞争中，拥有独特的创新思维不仅能帮助创业者脱颖而出，还能为其开辟蓝海市场。

一、培养发散思维

（一）发散思维的含义

不少心理学家认为，发散思维是创造性思维最主要的特点，是测定创造力的主要标志之一。发散思维又称放射思维、辐射思维或扩散思维，是指大脑在思考时呈现的一种扩散状态的思维模式。它包含逆向思维、横向思维、换位思维、求同思维和求异思维等。

发散思维过程是从一个问题（信息）出发，突破原有的限制，充分发挥想象力，经不同的路径、方向，以新的视角去探索、重组眼前和记忆中的信息，产生出多种设想、答案，使问题得到圆满解决。

发散思维就像一棵树，如果说一件事情是树的主干，那么树的枝、叶、根茎等就是思维迁移的结果，迁移类比的能力越强，枝、叶、根茎等就越茂盛。树生长所需的营养就是人本身在生活中积累的见识和认知，这种积淀越深厚，迁移出来的深层认知就越正确，内涵也就越广阔。

（二）发散思维的特征

发散思维

美国著名心理学家吉尔福特说："发散思维是创新思维的核心，正是在发散思维中，我们看到了创造性思维的最明显的标志。"在日常生活中，总会遇到复杂的问题，如果不能在思维方式上有所突破，很难想出解决问题最好的办法。发散思维就是一种提升解决问题能力的思维方式，有助于培养多方位、多角度、多方法思维的良好习惯。发散思维具有以下四个特征。

1. 流畅性

发散思维的流畅性就是观念的自由发挥，指在尽可能短的时间内生成并表达出尽可能多的思维观念以及较快地适应、消化新的思想观念。

流畅性用来衡量思维发散的速度（单位时间的量），可以看成发散思维"量"的指标，具体包括字、词的流畅性，图形的流畅性，观念的流畅性，联想的流畅性以及表达的流畅性。其中，字词的流畅性和表达的流畅性更为重要。

字词连贯流畅是语句流畅的前提。发散性思维的流畅性离不开字、词的流畅，因此，这也是大学生日常要注意和培养的一个方面。而思维和语言又是一体两面的关系，思维隐于大脑中，语言外显于口齿中。有什么样的思维就会有什么样的语言，如果思维足够清楚，那么说出来的语言也会非常流畅。

作为当代大学生，要掌握自己的思维特点及语言风格，注意在沟通中练习临场思考和灵活反应的能力，注意与人沟通的效果和节奏，让自己的大脑以轻松的方式来应对互动和沟通。

2. 变通性

发散思维的变通性是指提出设想或答案方向上所表现出的灵活程度，是打破人们头脑中已有的思维框架，按照新的方向来思索问题的过程。

变通性是发散思维"质"的指标，表现了发散思维的灵活性，是思维发散的关键。变通性是指知识运用上的灵活性，能够多层次、多视角地观察问题。

变通性代表着思维的继续，代表着一种内在毅力，代表着事物发展的希望。变通性需要借助横向类比、跨域转化、触类旁通等方法，使发散思维沿着不同的方向扩散，最终表现出极其丰富的多样性。在变通性方面，人与人之间的差异往往很大，思想僵化、性格偏执、作风生硬的人，不善变通，一般发散思维能力较低；而思想灵活、性格开朗、作风随和的人，善于变通，一般发散思维能力较强。

3. 独特性

发散思维的独特性是指在发散思维中作出不同寻常、异于他人的新奇反应的能力。独特性是发散思维的本质，是思维发散的目的，表现发散思维的新奇成分。

独特性也可称为独创性、求异性，是创新思维的基本特征和标志。没有这个特征的思维活动，不属于创新思维。独特性是发散思维的最高目标，能形成与众不同的见解，让思维活动进入创新的高级阶段。

4. 多感官性

发散思维不但运用视觉思维和听觉思维，而且充分利用其他感官接收信息并对信息进行加工。发散思维还与情感有着密切的关系，如果思维者能够想办法激发兴趣，把信息感性化，给信息赋予感情色彩，那么发散思维的速度与效果就会得到提高。

在日常的学习生活中，我们要特别重视多感官训练，通过调动身体各个器官，体验视觉、听觉、嗅觉、触觉等感官刺激，减缓不正常张力变化，调整焦虑不安的情绪，全方位激发兴趣，全身心地为学习服务。

（三）发散思维的作用

发散思维具有以下几方面的作用。

1. 核心性作用

发散思维在整个创新思维结构中有十分明显的核心作用。想象是人脑创新活动的源泉，联想使源泉汇合，而发散思维就为这个源泉的流淌提供了广阔的通道。发散思维从一个小点出发，冲破逻辑思维的惯性，让想象思维得到充分发挥，形成创造性想象。

2. 基础性作用

创新思维的许多技巧性方法都与发散思维有密切的关系，创新思维是以发散思维为基础解决问题的。著名的奥斯本智力激励法最重要的一条原则就是自由畅想，它要求参与者不受一切限制地去寻找解决问题的办法，这实际上就是鼓励参与者进行发散思维活动。

3. 保障性作用

发散思维的主要功能就是为随后的其他思维提供尽可能多的解题方案。这些方案不可能每一个都正确、有价值，但是一定要在数量上有足够的保证。如果没有发散思维提供大量可供选择的方案、设想，其他思维就没有依托。可见，发散思维在整个创新思维过程中，起着后勤保障的重要作用。

延伸阅读

iPhone 的诞生

在 21 世纪初，手机市场主要由诺基亚、摩托罗拉等传统巨头占据，它们的产品以功能机为主，设计思路相对保守。而苹果公司，在史蒂夫·乔布斯(Steve Jobs)的领导下，决定打破这一常规，推出一款集通信、娱乐、上网于一体的全新智能手机——iPhone。

iPhone 的创新之处不仅在于其硬件设计，更在于其软件与硬件的完美结合，以及由此带来的全新用户体验。苹果摒弃了传统手机复杂的按键操作，转而采用简洁直观的触控屏幕，使手机操作变得异常简单。同时，iPhone 还内置了丰富的应用程序，如音乐、视频、游戏等，让用户能够随时随地享受数字娱乐的便利。

更为关键的是，苹果通过 APP Store 这一创新性的平台，为开发者提供了展示才华的舞台，也为用户提供了海量的第三方应用。这一举措不仅极大地丰富了 iPhone 的功能，还构建了一个庞大的生态系统，使 iPhone 的价值远远超出了手机本身。

iPhone 的成功，是苹果创新思维的集中体现。它敢于打破常规，挑战传统，以用户需求为导向，不断推陈出新。这种包含发散思维的创新精神不仅让苹果在激烈的市场竞争中脱颖而出，更引领了整个智能手机行业的发展潮流。

如今，iPhone 已经成为全球最受欢迎的智能手机之一，而苹果也凭借其创新的产品和独特的商业模式，成为全球最具价值的科技公司之一。苹果的成功经验告诉我们，创新思维是企业持续发展的关键，只有不断推陈出新，才能在激烈的市场竞争中立于不败之地。

二、培养联想思维

联想思维

（一）联想思维的含义

所谓联想思维是指由某一事物联想到另一种事物而产生认识的心理过程，即由所感知或所思的事物、概念或现象的刺激而想到其他与之有关的事物、概念或现象的思维过程。有些事物、概念或现象往往伴随出现，或在某些方面表现出某种对应关系，这些事物、概念或现象由于反复出现，就会被人脑以一种特定的记忆模式接受，并以特定的记忆表象结构储存在大脑中，一旦以后再遇到其中的一个时，大脑会自动地搜寻过去已确定的联系，从而马上联想到不在现场或眼前没有发生的另外一些事物、概念或现象。联想的主要素材和触媒是表象。表象是对事物感知后留下的印象，即感知后的事物不在面前而在头脑中再现出来的形象。

在创新过程中，运用联想思维可以从概念的语义、属性的衍生、意义的相似性来激发创新思维，它是打开沉睡在头脑深处记忆的最简便和最适宜的钥匙。

（二）联想思维的特征

与其他思维相比，联想思维具有以下三方面的特征。

1. 连续性

连续性本来是个物理概念，它是指流体在密闭导管中稳定流动，且流体没有增减或漏失时，单位时间通过导管每一截面的流体质量均相等的现象。联想思维的连续性主要是指由此及彼，连绵不断进行的思维方式，它可以是直接的，也可以是迂回曲折的联想链，而链的首尾两端往往毫不相干。由此可见，联想是开启思路、升华思想的关键。没有广泛而丰富的联想，就不可能促进科学技术的巨大飞跃。

2. 形象性

由于联想思维是想象思维的具体化，其基本的思维操作单元是表象，是一幅幅画面。所以，联想思维和想象思维一样显得十分生动，具有鲜明的形象。一般来说，联想思维经常通过生活场景或者生活经验来解决问题。

3. 概括性

培养和训练联想能力一般采用概念联想法来进行。概念是事物本质属性的反映，是人们经常使用的思维单元，而概念和概念之间的关系反映了客观事物之间的常见关系，这就为开展概念联想法创造了条件。一般来说，联想思维可以很快把联想到的思维结果呈现在联想者的眼前，而不顾及其细节，是一种整体把握的思维操作活动，因此可以说联想思维有很强的概括性。

（三）联想思维的作用

联想思维在人们的创新活动中发挥着重要作用，主要表现在以下四个方面。

1. 在两个以上的思维对象之间建立联系

通过联想，可以在较短时间内在问题对象和某些思维对象间建立起联系来，这种联系，会帮助人们找到解决问题的方法。

2. 为其他思维方法提供一定的基础

联想思维一般不能直接产生有创新价值的新形象，但是，它往往能为产生新形象的想象思维提供一定的基础。

3. 活化创新思维的活动空间

联想思维有由此及彼、触类旁通的特性，常常把思维引向深处或更加广阔的方向，推动想象思维的形成，甚至灵感、直觉、顿悟的产生。

4. 有利于信息的储存和检索

思维操作系统的重要功能之一，就是把知识信息按一定的规则存储在信息存储系统中，并在需要的时候再把其中有用的信息检索出来。联想思维就是思维操作系统的一种重要操作方式。

三、培养想象思维

（一）想象的内涵与分类

想象是在头脑里对已储存的表象进行加工改造形成新形象的心理过程，是一种特殊的思维形式，它能够突破时间和空间的束缚。想象对机体能起到调节作用。

想象按其是否有意识、有目的，可以分为无意想象和有意想象。

1. 无意想象

无意想象没有预定目的，是在某种刺激作用下不由自主产生的想象。例如，一位同学在教室里听讲，当老师讲到山脉和河流的时候，他想起了自己打算去旅游的事，不由得走了神，这就是一种无意想象。

梦是无意想象的一种极端例子。因为做梦是没有目的的，梦是不由意识支配的，比清醒状态下的无意想象更加随心所欲，其内容往往不合逻辑，脱离实际，甚至在现实生活中不可能发生。幻觉是在异常的精神状态下产生的无意想象。

2. 有意想象

有意想象是在一定目的、意图或任务影响下，进行的有意识想象。有意想象可以分为创造想象、再造想象和幻想。

（1）创造想象。创造想象是用已积累的知觉材料作为基础，使用许多形象材料，将其深化、组合，创造出新的形象来。在新作品创作、新产品创造时，人脑中构成的新形象都属于创造想象，创造想象具有首创性、独立性和新颖性等特点。

（2）再造想象。再造想象是根据语言描述或图表模型示意，在头脑中形成相应形象的过程。一般来说，再造想象有一定的创造性，但其创造性的水平较低。再造想象的形成要有充分的记忆表象作基础，表象越丰富，再造想象的内容就越丰富。

再造想象离不开词语思维的组织作用，它实际上是词语指导下进行的形象思维的过程，要培养和发展再造想象的能力，首先要扩大人们头脑中记忆表象的数量，充分储备表象。同时，还要掌握好语言和各种标记符号的意义，只有这样，才能从语言描述和标记符号中激发想象。

（3）幻想。幻想是指和一个人的愿望相联系并指向未来的想象，幻想是对未来的憧憬，而不是对过去的回忆，科学幻想推动着人们进行科学探索，发现客观规律，为人类造福。例如，没有像鸟一样飞向天空的愿望，人们不会发明出飞机。一个人对未来的憧憬反映了他想成为一个什么样的人，过什么样的生活，这就是他的理想。为实现理想而奋斗，对他来说是一种动力，所以幻想并不是坏事。但如果只有对未来的憧憬而没有实现这种愿望的努力，愿望就没有实现的可能，幻想就成了空想。空想对人的行为没有推动作用，因而是消极的。大学生应该有理想、有抱负，并且让这种理想和抱负成为刻苦工作、努力奋斗的动力。

（二）想象思维的特征

与其他思维形式相比，想象思维具有形象性、概括性、超越性、自由灵活性、多元性和可能性等特征。

1. 形象性

想象是在表象基础上发生的思维活动，而表象是由人的感知获得的，它是以形象的方式来描述的，表象具有形象性，想象当然也就具有形象性。想象的形象性总是以整体图景的方式呈现出来，因而想象的形象性也表明想象具有整体性。

2. 概括性

想象在表象的基础上，把原来并不相关的形象用重新组合的方式联系起来，强化或者弱化表象的某些方面，达到对外部事件的总体把握。表象是对感觉的形象概括，想象则是对表象的形象概括，因而想象具有概括性。

3. 超越性

想象思维可以超越原有记忆中的事物或表象范围形成新的事物或观念，这是人脑创造活动最重要的表现，也是人类创造发明的最集中体现。科学的发现和发明往往受想象超越性的驱动而出现，想象的超越性是创新的源泉。

4. 自由灵活性

想象从整体上构思虚拟图景，它所呈现的图景细节就一定是模糊的，想象中的各个局部的联系也一定是松散、富有弹性的，这就让想象具有自由灵活性。人类的想象空间是无穷无尽的，科学的想象是自由的，艺术的想象也是自由的。

5. 多元性

想象的自由灵活性决定了想象常常是多元的，对于同一个思维客体进行想象的可能性也是多元的。想象提供了现象的多种解释，或者构想了事物发展趋势的多样可能性。对同样的现象作多种不同的想象和假说，是现代科学知识的一个重要特征。从不同角度去研究同一个问题，非但不会妨碍科学的发展，反而会促进科学的发展。

6. 现实转换的可能性

超现实的想象是人类智慧的表现，也是人类对自己理想生活境界的追求，寄托着人类的理想和希望。想象力在创新和解决问题过程中的作用和意义，是从想象向现实转换可能性的体现。想象力不仅可以引导我们发现新的事物，它也在激励我们把世界引向更好的方向。我们想象的东西，具有向现实转换的可能性，想象力给我们的现实世界赋予了向各种方向发展的可能性。

（三）想象思维的作用

想象思维在创新中发挥着重要作用，主要体现在以下几个方面。

1. 想象是创新的翅膀

想象的自由灵活性给予人类智慧极大活力，使得人的思维可以思接千载，视通万里，超越时空的限制，进入浩渺无际的境界。控制论的创始人诺伯特·维纳说过，对他来说，最有用的资质，乃是广泛持久的记忆力，以及犹如万花筒一般自由的想象力。这种想象力本身或多或少会向他提供极其复杂的思维活动的一系列可能的观点。

这个世界发展的无限可能性，是由人的自由想象力所决定的。想象力能扩展创新的空间，是得以自由翱翔的翅膀。

2. 想象是获得新概念、新理论、新发现的源泉

想象可以把毫不相干的表象联系起来，拼接为新的形象或事物；也可以把已有的知识进行虚构式加工，形成新的形象；还可以在虚拟的新形象的前提下，构想假说的理论和假说的方法。

在许多严格的创新理论中，都有一些超越现实世界的抽象概念。物理学中有理想气体、理想刚体，经济学中有完全市场竞争，化学中有纯金、纯银等概念。这些概念在现实世界是不存在的，也许永远都没有存在的可能，它们都是想象的产物。科学理论愈是抽象，它和经验世界的距离就显得越远，只有想象才能缩小理论和经验之间的距离。自由发挥想象力是发现科学理论的必由之路。

3. 想象是直觉和灵感产生的心理条件

直觉和灵感的产生都离不开想象。在创新的超逻辑思维方式中，想象是超逻辑思维的基础，想象中蕴藏着直觉和灵感的因素，没有想象力，很难获得对某个领域的直觉和灵感。

想象为人类提供极其丰富多彩的可能世界，直觉和灵感则为选择这些可能世界准备了条件。人类通过发挥辉煌的想象力，不断地探索未来，人类又通过直觉和灵感开辟最适合自己的可能世界——一个不断发展和创新的世界。

（四）想象实验

想象实验和通常所说的实验不同，它是在创新活动中进行理性思维的一种特殊形式，是根据已知的科学原理进行实验设计，并在思想中展开和完成实验过程，借以探索客观事物发展规律的一种方法。爱因斯坦发现相对论过程中做得最多的就是想象实验。

四、培养灵感思维

（一）灵感思维的含义

灵感指的是在文学、艺术、科学、技术等活动中，由于艰苦学习，长期实践，不断积累经验和知识而突然产生的富有创造性的思路。简而言之，灵感就是对突然在无意之中久思不解的困难问题产生的一种顿悟，是人们大脑中产生的新想法。

灵感思维是人们在创造活动中突然出现某种新观点或新思想的心理状态，是人们根据对事物的理解、认识或某种启示，突然迸发出一种领悟或想法的思维方式。从生理学和心理学上来讲，灵感思维就是人类大脑皮质兴奋中心的神经细胞经过一段高度紧张的有意识的思维活动，突然在潜意识中贯通了所需的信息，从而获得新思路和创意的过程。

灵感思维是创造性思维一种非常重要的表现方式，尤其是遇到复杂、困难、难以决断、创造性超强的问题时，灵感思维就显得尤为重要。灵感是一种绝佳的创造心理状态，无论在什么场合，只要有创造的意识，人们都会基于某些偶然的触动、启发或者感悟激发出灵感，进而进入创造状态。灵感与其他一切客观的意识现象和正常的心理现象一样，是人类大脑的一种正常机能。灵感是把原本零散、彼此互不关联的知识联系在一起的黏合剂，它可以调动大脑中已知的各种知识，把这些知识重新归纳、组合，产生全新的发现和创造。

（二）灵感思维的基本特征

与其他思维相比较，灵感思维具有以下几个方面的特征。

1. 突发性

灵感思维不同于一般的由感性认识积累上升为理性认识的思维过程，它是一种突然进发的感悟，通常是在不经意的情况下发生的。它何时发生或是由什么触发往往带有很大的偶然因素，是不可预期的。灵感思维在发生的时间和表现的状态上都具有突发性，它常常在人们最意想不到的时候发生，正如德国哲学家路德维希·安德列斯·费尔巴哈所说："热情和灵感不为意志所左右，是不由钟表调节的，是不会依照预定的日子和钟点迸发出来的"。灵感出现的形式也十分偶然，它究竟会以"顿悟"还是"渐悟"的方式出现，谁都无法预料，难以把握。创作者自身的精神状态、外界的环境气氛都有可能对灵感的产生造成影响。

灵感思维带来的效果也是意想不到的，它是认识上的突发和跃进，一旦发生，就如同突然打开了封闭的闸门，许多之前并未意识到或察觉到的信息和思绪瞬间涌现出来，成为灵感。灵感一旦触发，就会像一道光，瞬间照亮创作者的思路，使之顿悟、理解所思问题。

2. 被动性

灵感往往不受思维主体的控制，受什么东西启迪而触发或是何时会出现都不是创作者自己所能决定的，灵感的出现具有很大的偶然性。灵感思维与通常的自觉性思维不同，自觉性思维是人脑自觉的思维活动，是一种有意识地促成思想从感性认识向理性认识飞跃的过程，整个过程由思维主体自己掌握；相反，灵感的萌发不在意识范围之内，而是在潜意识中，不具有规律性，它的出现往往不受创作者的控制，因此很难被创作者所掌握。创作者自己无法决定何时产生灵感或如何产生灵感，在灵感面前，创作者往往处于被动的地位。

事实上，灵感的发生是创作者长期积累和反复思考的结果，对于单个的人或单一的事件来说，偶然性确实无时不在，无处不在。然而，所有偶然性的东西其实都同样处于历史的联系之中，处于历史形成的因果关系之中。

3. 模糊性

灵感思维是在突然间发生的，它是一种非逻辑性、非线性的自由发散的思维方式。人脑通过灵感思维获得的认识是跳跃式的，不可能像循序渐进的逻辑思维那样清晰和严密，有时在细节上还很粗糙，其整个过程不可避免地带有模糊性的特征。正因为模糊性，灵感才一度被认为是神秘的、不可知的。

4. 独创性

一般而言，人们难以用精确的语言对灵感的发生过程进行准确描述，只能采用模糊性的表达，有时甚至连创作者自己都无法说清灵感是怎样产生的，只知道灵感产生的结果。灵感将平常的心理定式和传统思维完全打破，有着特殊的表现能力，同时不可复制或模仿。凡是有灵感思维参与的艺术创造活动，都具有非线性的独创性，这是灵感思维的本质特征。灵感思维与一般思维的一大区别就在于所获得成果的新颖性和独创性，其中，独创性是灵感思维独特的科学价值、艺术价值和社会价值。灵感思维常常可以捕捉到自觉性思维难以获得的独特的思想成果，有着超乎寻常的创造能力，能够创造出新的价值或提供新的解决方案。同时，灵感作为一种完全私人的思维方式，因为其突发性和不可控制性，所以也不可能被他人模仿，每个人都有自己独特的灵感经历。

（三）灵感思维的培养

创新灵感的闪现从表面上看是偶然的，事实上其中蕴含着必然性。灵感思维是每个人都可能具有的思维活动，差别只在于每个人产生它的次数的多和少，作用的强和弱。经过一定的思维训练及有意识地培养，产生灵感的能力是会有所增强的。创作者需要发现自己的思维特点，把握自己获得灵感的特殊规律，有意识地调动灵感，取得创新灵感的主动权。

因为每个人的思维习惯不同，性格和气质不同，对环境的要求不同，所以获取灵感的方式也不同。法国思想家卢梭在思索时喜欢让脑袋沐浴在阳光之中，法国文学家伏尔泰和巴尔扎克常借助咖啡来产生灵感，德国诗人席勒创作时喜欢闻烂苹果的气味，我国唐代诗人李白在饮酒时创作力旺盛，有"李白斗酒诗百篇"之说。

环境对灵感的产生之所以重要，是因为它会影响人们的心情。心情愉快对思维的活跃十分重要。一个人在愉快欢乐的状态中，感到事事称心如意，这时大脑容易兴奋，反应灵活，感受能力强，容易接受外界信息的诱导，产生丰富的想象，因而灵感容易出现。反之，若一个人心灰意冷、意志消沉，消极的情绪会抑制大脑的活力，降低大脑的感受能力，思维、记忆力和想象力的发展都会受阻，主体对外界的信息无动于衷，在这种消极的精神状态下灵感就不太容易产生了。因此，作为创作者，应当学会寻找适合自己的思维方式，为自己营造最适宜产生灵感的环境，及时排解不良情绪，始终保持良好的精神状态，保持最佳的心态和创作激情。

突破创新思维

![延伸阅读]

迪士尼乐园的创立灵感

在 20 世纪 50 年代初，沃尔特·迪士尼（Walt Disney）已经是一位成功的动画电影制作人，但他的心中始终怀揣着一个更大的梦想——创建一个能够让家庭共享欢乐、充满魔幻色彩的主题公园。这个梦想最初看似不切实际，因为当时并没有类似的娱乐形式存在，但正是这份源自内心深处的灵感，驱动着迪士尼不断前行。

迪士尼乐园的构想并非一蹴而就，而是经历了无数次的构思、推翻与再创造。据说，迪士尼在构思乐园时，经常独自一人在公园里漫步，观察孩子们玩耍，从中汲取灵感。一次，当他看到自己的女儿在旋转木马上欢笑时，他突然有了灵感：为什么不创造一个充满故事性、让每个角落都能讲述故事的地方呢？这个灵感成为迪士尼乐园设计的核心理念。

乐园中的每一个细节，从米奇大街到奇幻城堡，从加勒比海盗的冒险到小飞象的飞翔，都是迪士尼和他的团队将动画电影中的元素与现实世界巧妙结合的成果。他们不仅创造了令人惊叹的视觉效果，更重要的是，通过精心设计的互动体验，让游客置身于一个个生动的童话故事中。

迪士尼乐园的成功，证明了灵感思维在创新创造中的巨大价值。它不仅仅是一个娱乐项目的诞生，更是一种全新娱乐形式的开创，对后来的主题公园、家庭娱乐乃至整个文化产业都产生了深远的影响。迪士尼的故事告诉我们，灵感是创新的源泉，它能够激发人们超越现状，创造出前所未有的奇迹。因此，在追求创新的道路上，保持一颗敏感而开放的心，勇于捕捉并实践那些稍纵即逝的灵感，是至关重要的。

项目3　培养创新创业能力

知识要点

1. 了解创新创业能力的相关概念。
2. 了解大学生创新创业能力的特征。
3. 掌握培养自身创新创业能力的方法。

能力目标

1. 能够自觉培养自身的创新创业思维。
2. 能够主动提升创业初期应具备的能力。

思政目标

1. 创新创业是一个需要不断创新、长期奋斗的过程，大学生要培养自己坚忍的意志和坚持不懈的精神。

2. 创新创业需要创业者综合运用各项技能，不断用知识充实自己才能取得成功，因此要树立终身学习的理念。

案例导入

大学生李欣的"绿色梦想"创新创业之旅

在春意盎然的大学校园里，李欣，一名环境科学专业的大学生，正怀揣着一个不平凡的"绿色梦想"。她目睹了家乡因工业污染而树木日渐凋零的景象，心中燃起了通过科技创新解决环境问题的强烈愿望。

一次偶然的机会，李欣参加了一场关于可持续发展的讲座，其中提到的废物循环利用技术深深触动了她。她意识到，这不仅是解决环境问题的有效途径，更是一个充满潜力的创业方向。于是，她开始深入研究创新创业的特征与内涵，了解大学生在创新创业中的独特优势。

　　为了将想法付诸实践，李欣组建了一支跨学科的团队，成员来自环境科学、机械工程和市场营销等多个专业。他们共同研发了一种高效、低成本的塑料回收再利用技术，旨在减少塑料垃圾对环境的污染。在这个过程中，李欣和团队成员不断训练自己的创新思维和问题解决能力，学会了如何在有限的资源下寻找最优解。

　　然而，创业之路并非一帆风顺。在初期，他们面临资金短缺、技术瓶颈等重重困难。但李欣没有放弃，她带领团队积极参加各类创新创业大赛，成功吸引了投资人的关注，并获得了宝贵的资金支持。同时，他们还通过社交媒体和校园活动积极宣传自己的项目，逐渐赢得了市场的认可。

　　最终，李欣的"绿色梦想"项目不仅成功落地，还带动了当地社区的环保行动，成为大学生创新创业的典范。她的故事告诉我们，只要敢于梦想、勇于创新，大学生也能在创新创业的道路上书写出属于自己的精彩篇章。

任务 1　熟悉创新创业特征

　　谈起创新和创业能力，人们首先会看到一份长长的名单：华为公司的任正非、联想公司的柳传志、阿里巴巴的马云、新东方的俞敏洪、腾讯的马化腾等。人们会自然关注到这些成功创业者身上具备的独特的品质，比如对成功的渴望、勇于创新的意识、敢于承担风险的品质等。有些人甚至认为这些成功的创业者是常人难以模仿，无法学习的。事实上，"创新创业成功与否取决于创业者的天赋"的观点在目前仍然很有市场，由此引发的讨论是创新和创业者是无法培养的，创新创业的成功是无法复制的。然而，后续的研究者指出，创新和创业的能力并非天生的，换言之，创新创业能力是可以培养的。

一、创新创业能力的概念

初识创业

　　创新和创业是一项具有挑战性的社会性活动，也是对创业者综合能力的全方位考量。创业通常是由实践、感受、思考、组织、观察、考察、交流、学习等特别的行为构成的，而创业者的创新创业能力却是通过个人的知识、技能、品质、行为和动力所构成的。所谓创新创业能力是指以创造性为显著标志、能从事承担风险的开拓性活动的综合性能力。它强调个体/团队/组织利用已有的知识和经验，新颖独特地解决问题，在创新创业活动中产生出有价值的新设想、新方法、新方案和新成果的本领。因此，创业者可以通过后天学习，将信息转化为知识，将知识转化为智慧，再将智慧转换为能力素质，从而培养自身的创新创业素质。

二、创新创业能力的内涵

现代社会中，创新创业能力是一个人在竞争和创业过程中取得成功的关键。个体能否在市场竞争中取得优势，一定程度上取决于其能否运用各方面创新创业能力。对于创新创业能力的内涵，不同学者的理解并不相同。目前，有研究从个体特质视角、创业过程视角和创业管理视角界定创新创业能力的内涵。

(一) 个体特质视角

从个体特质视角来看，创新创业能力是一种内在的、相对稳定的心理特征和行为倾向。个体特质包括但不限于创新思维、冒险精神、自我驱动力、解决问题的能力以及持续学习的态度。创新思维使个体能够跳出传统框架，提出新颖的想法和解决方案；冒险精神则使个体敢于承担风险，追求不确定但可能带来高回报的机会；自我驱动力使个体在面对困难和挑战时能够坚持不懈；解决问题的能力帮助个体快速识别问题并找到有效的解决途径；而持续学习的态度则确保个体能够不断更新知识和技能，适应快速变化的市场环境。这些特质共同构成了个体创新创业能力的核心，使其在创业过程中更具竞争力和适应性。

(二) 创业过程视角

从创业过程视角来看，创新创业能力是指个体在创业过程中识别机会、整合资源、创建新企业或新业务模式以及管理企业成长所必需的一系列技能和知识。这一过程涉及市场机会的敏锐捕捉、资源（如资金、人才、技术等）的有效整合、新企业或新业务模式的构建以及企业成长过程中的战略规划、市场营销、财务管理等。创新创业能力在这一视角下强调的是个体在创业过程中的实际操作能力和应变能力，它要求个体不仅具备扎实的专业知识，还需要具备跨领域的综合能力，以应对创业过程中可能出现的各种挑战和不确定性。

(三) 创业管理视角

从创业管理视角来看，创新创业能力则更多地关注于企业层面的战略规划和运营管理。这包括对市场趋势的敏锐洞察、创新战略的制定与实施、团队建设和激励、企业文化的塑造以及企业社会责任的履行等方面。创新创业能力在这一视角下强调的是企业如何通过创新来保持竞争优势，实现可持续发展。它要求创业者或管理者具备高度的战略眼光和决策能力，能够准确判断市场趋势，制定并执行有效的创新战略；同时，还需要具备良好的团队协作和领导能力，能够激发团队成员的创新潜能，共同推动企业的创新发展。此外，创业者或管理者还需要关注企业的社会责任和可持续发展，确保企业在追求经济利益的同时，也能为社会和环境做出贡献。

综上所述，创新创业能力的内涵是多维度的，它不仅涉及个体特质、创业过程，还涉及创业管理等多个方面。这些视角共同构成了对创新创业能力的全面理解，为个体在创业过程中取得成功提供有力的支持。

三、大学生创新创业特征

（一）不同专业学生的创新创业特征

1. 创业动机

研究发现，理、文、医专业的学生偏好获得更多财富；相反，工、农、法、经、管与其他专业的学生偏好挑战自我。

2. 创业机会

大学生普遍认为创新创业机会比较多，理、工、医、管专业认为创业机会较难把握的占比最大，农、法、经和其他专业认为创业机会比较容易把握。

3. 创业团队

理、工、法、经专业组建困难占比最大，创业团队成员沟通难度普遍反映为比较容易与一般，理科专业比较困难占比略大。

4. 创业筹资

大学生普遍反映筹资难度较大，理、医、法专业难度相对更大。最难筹资来源各专业存在差异，总体来说，难度较大的资金来源为创业基金与风险投资。

5. 创业政策

享受政府融资担保困难度一致性较高，获得小额贷款的困难度，文科性质专业较理科性质专业困难大；获得企业办理注册手续优惠、获得创业指导难度一般；获得创业培训补贴大多难度一般；享受创业信息服务存在一定难度；享受创业信息服务普遍反映比较困难。

（二）不同行业学生的创新创业特征

1. 创业动机

从事租赁与商务服务、居民服务行业的毕业生多数偏好获得更多财富，其他行业的毕业生大多数偏好挑战自我。

2. 创业机会

各行业就业的毕业生普遍认为创业机会比较多或一般，多数行业创业机会比较难把握，行业间把握难易程度存在一定的差异。

3. 创业团队

大多数毕业生认为行业创业团队建设存在一定困难，农林牧渔业难度一般；创业团队成员间沟通难度较小，创业团队凝聚力建设、内部利益分配因行业不同而存在一定的差异。

4. 创业筹资

结果表明，不同行业创业筹资来源存在差异，占比较大的是创业基金与家庭提供；大部分行业资金筹措存在一定的难度；多数行业最难筹措的是创业基金，最难筹资来源因行业不同而存在一定的差异。

5. 创业政策

总体而言，调研结果显示，大学生享受政府融资担保难度较大；多数行业获得小额贷款难度不大，部分行业存在一定难度，获得贷款贴息各行业均存在一定难度；享受政府税收优惠、获得房租补贴，各行业均表现出难度较大；享受办理企业注册手续优惠存在一定的难度；获得创业指导难度一般，个别行业存在一定的难度；多数行业在获得创业培训补贴上存在一定难度；绝大多数行业享受创业信息服务难度一般；获得政府采购难度较大；大多数行业创业能力提高难度适中。

延伸阅读

智能环保垃圾分类系统

在当前社会，随着城市化进程的加快，生活垃圾产量急剧增加，传统垃圾分类方式已难以满足高效、环保的需求。智能环保垃圾分类系统是一个由大学生团队开发的项目，旨在利用先进的物联网、人工智能和大数据技术，实现垃圾分类的自动化、智能化，提高分类准确率和回收效率，同时促进环保意识的普及。

一、项目背景与动机

"智能环保垃圾分类系统"项目起源于团队成员对环境保护的深切关注以及对当前垃圾分类现状的不满。他们发现，尽管政府和社会各界都在努力推广垃圾分类，但由于缺乏有效的引导手段和便捷的分类设施，很多居民对垃圾分类的知识掌握不足，分类意愿不高，导致分类效果不佳。因此，团队决定开发一套智能垃圾分类系统，以解决这一社会问题。

二、项目特征

（1）技术创新性。系统集成了图像识别、语音识别、物联网传感器等多种先进技术，能够自动识别并分类投放的垃圾，大大提高了分类的准确性和效率。

（2）用户友好性。设计简洁易用的用户界面，通过语音提示、屏幕显示等方式，引导用户正确分类垃圾，同时提供垃圾分类知识教育，增强用户的环保意识和参与度。

（3）数据驱动优化。系统收集并分析用户分类行为数据，通过算法不断优化分类算法和用户体验，实现精准推送个性化分类建议，促进用户习惯的养成。

（4）可持续发展。项目不仅关注技术实现，还注重商业模式的创新，通过与政府、社区、回收企业等合作，构建闭环的垃圾分类回收体系，实现经济、社会、环境的三重效益。

（5）社会影响力。作为大学生创新创业项目，该系统在校园内先试点，随后逐步推广到社区、商业区等更广泛领域，成为推动社会环保进步的重要力量。

三、实施效果

项目实施后，试点区域的垃圾分类准确率显著提升，居民参与度大幅提高，有效减轻了垃圾处理压力，促进了资源的循环利用。同时，项目团队也获得了广泛的社会认可和媒体关注，为后续的商业化运营和更大范围的推广奠定了坚实基础。

智能环保垃圾分类系统作为大学生创新创业的一个典型案例，不仅体现了技术创新与社会责任的结合，也展示了青年学子在解决社会问题、推动可持续发展方面的积极作用。通过不断探索和实践，这样的项目有望成为推动社会进步的重要力量。

任务 2   训练创新创业能力

大量事实证明，创新者具备的先天素质，可以在后天被塑造得更好。某些态度和行为是可以通过经验和学习学到的，也是可以被开发、提炼和实践出来的。同时，在创业的不同阶段，大学生需要注意的培养方向并不一致。在创新创业伊始，应该首先具备创新创业所需具备的一系列思维，借助政府、高校的相关培育路径，积极主动地投身到创新创业的实践活动中。同时，明确创新创业不同阶段所需具备的能力培养。总之，大学生可以通过"做中学"获得创新创业能力。

一、创新创业能力所需要的思维

创新创业思维是创新创业的核心，是创新创业成功的关键。创新创业思维是引领创业者在市场中乘风破浪的"指南针"，能给创业者和其企业带来向心力与凝聚力，从而帮助企业到达成功的彼岸。因此，要成为创业者，实现创新创业，就必须自觉培养自身的创新创业思维。具体而言，应该积极塑造自身的抽象思维、发散思维、逆向思维、联想思维、形象思维和灵感思维。

创业者素质和能力

（一）抽象思维

抽象思维也称逻辑思维，是认识过程中用反映事物共同属性和本质属性的概念作为基本思维形式，在概念的基础上进行判断、推理，反映现实的一种思维方式。

1. 测试抽象思维

（1）你在电影和电视剧中发现过不合情理的情节吗？

A. 多次发现   B. 偶尔发现   C. 没有

（2）在朋友们面前发觉自己不小心做了不得体的事时，你是否能迅速地给自己找一个台阶下（如开一句玩笑），以摆脱困境？

A. 是　　　　　　　　　B. 不能确定　　　　　　　C. 不

（3）你写信时常常觉得不知道如何表达吗？

A. 不　　　　　　　　　B. 不能确定　　　　　　　C. 是

（4）在大多数情况下，你只要看一眼（小说或电影）故事的开头，就能正确猜到结局如何吗？

A. 是　　　　　　　　　B. 不能确定　　　　　　　C. 不

（5）你善于分析问题吗？

A. 是　　　　　　　　　B. 不能确定　　　　　　　C. 不

（6）你爱看侦探小说或相关影片吗？

A. 是　　　　　　　　　B. 不能确定　　　　　　　C. 不

（7）你说话富有条理吗？

A. 是　　　　　　　　　B. 不能确定　　　　　　　C. 不

（8）你觉得想问题是件很累的事吗？

A. 是　　　　　　　　　B. 不能确定　　　　　　　C. 不

（9）你有时将问题倒过来考虑吗？

A. 是　　　　　　　　　B. 不能确定　　　　　　　C. 不

（10）你可以很轻松地弄清一篇文章的要点吗？

A. 是　　　　　　　　　B. 不能确定　　　　　　　C. 不

（11）你常与他人辩论吗？

A. 是　　　　　　　　　B. 不能确定　　　　　　　C. 不

（12）当你发觉说错话时，是否窘得再也说不出话来？

A. 是　　　　　　　　　B. 不能确定　　　　　　　C. 不

（13）你是否能轻易地找到一些笑料使大家都能笑起来？

A. 常常　　　　　　　　B. 有时　　　　　　　　　C. 不

（14）有人认为你说话常不着边际吗？

A. 不　　　　　　　　　B. 不能确定　　　　　　　C. 是

（15）你对世界上很多事物及其活动规律看得比较透彻吗？

A. 是　　　　　　　　　B. 不能确定　　　　　　　C. 不

（16）当你告诉别人什么事情时，你常会词不达意吗？

A. 不　　　　　　　　　B. 不能确定　　　　　　　C. 是

（17）你的提议常被别人忽视或否定吗？

A. 是　　　　　　　　　B. 不能确定　　　　　　　C. 不

（18）当你的同事或朋友有问题时是否会向你咨询？

A. 是　　　　　　　　　B. 不能确定　　　　　　　C. 不

（19）你常不假思索就接受别人的意见吗？

A. 不　　　　　　　　　B. 不能确定　　　　　　　C. 是

（20）读完一篇文章，你是否能马上说出文章的主题？

A. 不   B. 不能确定   C. 是

2. 记分方法

每题答 A 计 2 分，答 B 计 1 分，答 C 计 0 分。各题得分相加，统计总分。

3. 测试结果

（1）0～11 分：表明你讲话、想问题缺乏逻辑，抽象思维能力较弱。

（2）12～26 分：说明你的抽象思维能力一般。

（3）27～40 分：表明你的抽象思维能力较强，你善于抓住问题的关键，说话也显得有条有理。

4. 如何培养抽象思维？

（1）学习理论加以运用。学习掌握和运用科学概念、理论和概念体系，因为学习源于理论终于实践，只有掌握了概念、理论、体系，才能去探索实际活动中的应用过程。

（2）掌握好语言系统。在没有接触语言之前，我们就具有形象思维能力，而语言教我们概括了周围世界的现象和规律。锻炼语言表达能力的方法是尽量用自己的语言去复述书本上的东西，用自己的思想去思考，用自己的词汇去概括和描述，这一点也可参照"费曼技巧"。

（3）重视训练和演算。例如，要培养抽象逻辑思维，选择数学习题训练是上上之选，演算能够让思维更加缜密，同时与思维的基本方法配合运用。思维的基本方法包括 10 种：分析法、综合法、比较法、归类法、抽象法、概括法、系统化法、具体化法、归纳法和演绎法等。

（4）与记忆方法联合使用。与抽象记忆法、理解记忆法及其他的方法联合训练，可以起到互相促进的较佳效果，可以参照高效记忆方法。

（二）发散思维

发散思维是指从一个目标出发，沿着各种不同的途径去思考，探求多种答案的思维。不少心理学家认为，发散思维是创造性思维最主要的特点，是测定创造力的主要标准之一。

1. 发散思维小测试

（1）在地上有着一根长棍，路过的每个人都想跨过它，但是却没有一个人成功，为什么呢？

（2）扔出一个网球，你如何才能让它又飞回你手里呢？

2. 参考答案

（1）因为它靠着墙根平放着。

（2）向上扔。

3. 如何培养发散思维

（1）集思广益。要集思广益，就要多听取别人的意见和建议，最好是每个层面的人都涉及。集思广益是要统一出一个对大多数人有好处的建议，是能让大部分人肯定的建议，不要只为了某一人就把观点或计划改变。

（2）学会提问。在日常生活中，有许多场景需要表达自己的观点，要树立自己的观点并培养批判性的思维，就要学会对他人的观点提问；之后在不断提问中得出自己认为最合理的解释；再次，寻找本质特征，归类特点。这其实并不难，就是从为什么出发、从不变因素出发、从基本规则出发。从这三点出发，可以让我们看到很多事物的本质。

（3）大胆联想。不拘泥于特定的模式，灵活使用顶替法、反衬法、中介法、形象法和夸张法等方式大胆展开联想。

（三）逆向思维

逆向思维是对司空见惯的似乎已成定论的事物或观点反过来思考的一种思维方式。敢于"反其道而思之"，让思维向对立面的方向发展，从问题的相反面深入地进行探索，树立新思想，创立新形象。

1. 逆向思维小故事

孩子不愿意做爸爸留的课外作业，于是爸爸灵机一动说："儿子，我来做作业，你来检查如何？"孩子高兴地答应了，并且把爸爸的"作业"认真地检查了一遍，还列出算式给爸爸讲解了一遍。

2. 如何培养逆向思维

（1）反转型逆向思维法。这种方法是指从已知事物的相反方向进行思考，产生发明构思的途径。

（2）转换型逆向思维法。这种方法是指在研究某一问题时，由于解决该问题的手段受阻，而转换成另一种手段，或转换角度思考，以使问题顺利解决的思维方法。

（3）缺点逆向思维法。将缺点变为可利用的东西，化被动为主动，化不利为有利的思维方法。发散思维就是由一个起点或多个起点向外发散，辐合思维只能由多个起点向里聚合为一点。常用是发散思维，这种思维不是解答各种算术题、应用题、方程题的思维，而是解答开放性试题的思维。总之，这种方法并不以克服事物的缺点为目的；相反，它是将缺点化弊为利，找到解决方法。

（四）联想思维

所谓联想思维，是指人脑记忆表象系统中，某种诱因导致不同表象之间发生联系的一种没有固定思维方向的自由思维活动。常见的联想思维包括对比联想、相似联想、因果联想和飞跃联想。

（1）对比联想。它是对于性质或特点相反的事物的联想。两种事物在性质、大小、外观等方面存在相反的特点，人们在认知到一种事物时会从反面想到另一种事物。

（2）相似联想。它是由某一事物或现象想到与它相似的其他事物或现象，进而产生某种新设想。

（3）因果联想。它是根据事物之间存在的互不相同或彼此相反的情况进行联想，从而引发出某种新设想的思维方式。

（4）飞跃联想。它是根据事物之间的联系，一环紧扣一环地进行联想，从而引发出新的设想。

联想思维与发散思维有什么区别？

联想思维是在两个以上的思维对象之间建立联系，为其他思维方法提供一定的基础，活化创新思维的活动空间；有利于信息的存储和检索。发散思维是指个体在解决问题过程中常表现出发散思维的特征，表现为个人的思维沿着许多不同的方向扩展，使观念发散到各个有关方面，最终产生多种可能的答案而不是唯一正确的答案，因而容易产生有创见的新颖观念。

（五）形象思维

形象思维是用直观形象和表象解决问题的思维。其特点是具体形象性。

1. 形象思维示例：图书馆的"充电站"

一位大学生在向朋友描述他理想的学习空间时说道："我想象中的图书馆，就像是一个巨大的'充电站'。每个学生都是一台需要充电的设备，而那些书架就像是一个个充电插座，每本书都是充满知识的电源。当我们沉浸在书海中时，就像是在给自己的大脑充电，准备迎接下一个挑战。所以，对我而言，一个好的图书馆，不仅要有丰富的藏书，还要有一个能让人感到安心、专注的氛围，就像是在为我的学习之旅加油。"

2. 如何培育形象思维

（1）模仿法。它是以某种模仿原型为参照，在此基础之上加以变化产生新事物的方法。很多发明创造都建立在对前人或自然界的模仿的基础上，如模仿鸟发明了飞机，模仿鱼发明了潜艇，模仿蝙蝠发明了雷达。

（2）想象法。它是在脑中抛开某事物的实际情况，而构成深刻反映该事物本质的简单化、理想化的形象。直接想象是现代科学研究中广泛运用的进行思想实验的主要手段。

（3）组合法。它是从两种或两种以上事物或产品中抽取合适的要素重新组合，构成新的事物或新的产品的创造技法。常见的组合技法有同物组合、异物组合、主体附加组合、重组组合四种。

（4）移植法。它是将一个领域中的原理、方法、结构、材料、用途等移植到另一个领域中，从而产生新事物的方法。主要有原理移植、方法移植、功能移植、结构移植等类型。

（六）灵感思维

所谓灵感思维是指凭借直觉而进行的快速、顿悟性的思维。它不是一种简单逻辑或非逻辑的单向思维运动，而是逻辑性与非逻辑性相统一的理性思维整体过程。

1. 灵感思维举例：《蓝色多瑙河》的由来

奥地利著名作曲家约翰·施特劳斯就是一位记录灵感闪电的高手。一次，施特劳斯在一个优美的环境中休息，突然灵感火花涌现，当时他没有带纸，急中生智的施特劳斯迅速脱下衬衣，挥笔在衣袖上谱成一曲，这就是后来举世闻名的圆舞曲《蓝色多瑙河》。

2. 如何培养灵感思维

（1）长期的思想活动准备。灵感是人脑进行创造活动的产物，所以长期思考是基本条件。

（2）兴趣和知识的准备。广泛的兴趣、丰富的知识经验有利于借鉴，容易得到启示，是捕获灵感的另一个基本条件。

（3）智力的准备。智力的准备主要包括观察、联想、想象。

（4）乐观镇静的情绪。愉快的情绪，能增强大脑的感受能力。

（5）注意摆脱习惯性思维的束缚。

（6）珍惜最佳时机和环境。

（7）要有及时抓住灵感的精神准备和及时记录下灵感的物质准备。许多有创造精神的人，都曾体验过获得灵感的滋味。但是，因为事先没有准备，而没有及时记下这些灵感，时过境迁就再也想不起来了。当然并不是头脑里出现的灵感就都有价值，可以记录下来以后再慢慢琢磨，决定取舍。

二、创业能力的培育路径

在当前教育环境与社会需求的双重变革下，大学生创业能力的培养不仅是高校教育的责任，更是大学生自我成长与发展的重要一环。以下从大学生的角度出发，阐述创业能力的培育路径。

（一）主动学习与自我提升

1. 深化专业知识

作为创业者，深厚的专业知识是基石。大学生应充分利用大学时光，深入学习专业课程，构建扎实的理论框架，为后续创业实践提供坚实的理论基础。

2. 拓宽视野

除了专业学习，大学生还应广泛阅读各类书籍、文献，关注行业动态，了解市场趋势，培养跨领域的知识结构和敏锐的商业嗅觉。参与创业教育与培训，如积极参加学校提供的创业教育课程、讲座、工作坊等，学习创业理论、案例分析和实用技能，同时利用在线资源，如 MOOC，不断提升自我。

（二）实践与经验积累

1. 参与校园创业项目

加入学校的创业社团、创新实验室或参与学校的创业比赛，通过实际操作，体验从创意到产品/服务的全过程，积累宝贵的实践经验。

2. 实习与兼职

在相关企业或创业公司实习，了解企业运作机制，学习管理、营销、财务等实际操作，同时建立职业关系网，为未来创业寻找合作伙伴或导师。

3. 志愿服务与社会实践

参与志愿服务和社会实践活动，不仅能培养社会责任感，还能在实践中锻炼团队协作、项目管理和解决问题的能力。

（三）网络构建与资源整合

1. 建立人脉网络

通过参加行业会议、创业论坛、校友活动等，结识志同道合的创业者、投资人、行业专家等，构建自己的创业社交网络，为未来创业寻求支持和合作。

2. 利用校园资源

充分利用学校的创业孵化平台、导师资源、校友网络等，获取创业指导、资金支持、法律咨询等服务。

3. 拓宽资源渠道

利用社交媒体、专业论坛、创业社群等线上平台，扩大人脉圈，获取行业资讯，同时积极参与线下活动，深化人脉关系。

（四）心态调整与心理建设

1. 培养创业精神

树立敢于冒险、勇于创新的创业精神，保持乐观、坚忍不拔的心态，面对创业过程中的挑战和失败时，能够迅速调整心态，持续前行。

2. 增强自我认知

通过自我反思、职业规划等方式，明确个人优势、兴趣点和创业方向，避免盲目跟风，保持创业的初心和热情。

3. 学习情绪管理

创业路上充满不确定性，学会有效管理情绪，保持冷静思考，是创业者必备的心理素质。

大学生创业能力的培养是一个持续不断的过程，需要大学生从主动学习、实践积累、网络构建到心态调整等多个方面入手，全面提升自我，为未来的创业之路打下坚实的基础。

三、创业初期的能力培养

伴随着信息社会的到来，创业教育得到前所未有的重视并被迅速普及。创业教育的重点是培养学生对新机会的识别和捕捉能力，其次是培养学生掌握和运用管理知识与技能创立管理新企业的能力，最后是培养学生应对不确定性的能力。如何培养处于创业初期大学生的创新创业能力，是创业教育需要回答的问题。

（一）明确优势，做好规划

对于选择创业的大学生而言，需要在创业行动之前了解创业者所必须具备的人格特质，然后了解个人不足，在日常生活中有意识地改善与培养。根据个人专业和兴趣确定适合自己的创业行业，然后深入了解行业信息，争取尽可能多地接触此类行业，并学习立足该行业所需要的知识和技能，查漏补缺，修正不足。提前做好创业规划，才能更好地弥补初创弱项，规避创业风险。

（二）增强创业意识

创业者人格特质通过创业意识作用于创业初期能力，在创业者人格特质基本完善的同时，如果能形成良好的创业意识，将有效帮助创业者在创业开始之前自觉培养、提升基本的创业初期能力。有创业打算的大学生应该积极培养四个方面的意识：责任意识、市场意识、竞争意识和合作意识。

应对创业风险

（三）积极参与创业实践

创业实践是大学生接受教育、增长能力的重要渠道。通过创业实训激发想象力和创造力，在对未来创业行业选择的发展前景和任职资格有一定了解的同时，大学生也能够对自身现有创业初期能力进行客观评价。创业实践可以培养创业者必要的个人特质，锻炼创业者的抗压能力和应变能力，学会管理自己。同时，大学生在与社会的互动中提高创新精神和实践能力，最终实现增长知识、锻炼能力、内化素质全面发展的目的。

（四）把握创新机遇

创业初期，大学生需要了解通过创新可能获得快速增长的周期；随着创新周期接近尾声，风险随之增大，市场上的创新将会淘汰某些企业过去所创造的价值。为此，企业只有一个选择，那就是准确掌握创新的机遇。通常，机遇的来源有以下几种。

（1）意外事件：前人创业成功的事件与失败的事件。

（2）不一致：事实如何与应该如何之间或者现实情况与每个人对此做出的假设之间的

差异和不协调。

（3）市场和产业结构的变化：尤其是政策调整后市场和产业结构变化出现的新市场需求。

（4）人口统计数据：从人口统计数据上预测和判断新市场的增长点。

（5）认识、意义和情绪上的变化：三种来源都是外部的，它们是社会、哲学、政治和知识环境的变化所带来的机遇。

（6）新知识：依靠多种不同的知识的聚合、对所有必需的要素进行仔细分析。

（五）提升创业管理能力

我们都深知企业管理的重要性。无论是外部的经营管理，还是内部的管理等，都直接与参与其中的各个员工息息相关。而企业管理是否有效，也直接关乎公司发展好坏。鉴于此，不断与同行沟通交流和有效借鉴就显得特别重要。提升创业管理能力的同时尤其需要注意以下几点：

（1）以市场为中心。当前一个基本的事实是，创新以企业为主导，根据企业的市场方向，有针对性地进行科技研发。以市场为导向，这样的创新创业已被证明是高效的。

（2）采取财务预算。特别重要的是要对未来现金流量和资金需求要合理地予以规划。

（3）及早筹备顶尖管理队伍。如何做好融资，配合资本和市场进行产业方向调整和科技研发，让产业发展上一个台阶，需要我们共同思考。

（4）明确边界。企业创始人需要确立自己在企业的地位、工作范围和周边关系。

延伸阅读

四象限法则

四象限法则，也被称为"艾森豪威尔法则"，是由美国管理学家科维提出的一个时间管理理论。这一法则将工作按照重要性和紧急性两个维度划分为四个象限，从而帮助人们更有效地管理时间和任务。四象限法则示意如图3-1所示。

一、基本内容

第一象限：既紧急又重要

这类任务具有时间的紧迫性和影响的重要性，通常需要立即采取行动。例如，处理客户投诉、完成即将到期的任务或解决财务危机等。

第二象限：重要但不紧急

这类任务对于长期成功至关重要，但可能并不具有时间上的紧迫性。例如，制定目标与计划、进行人员培训、建立人际关系、发掘与预防问题等。

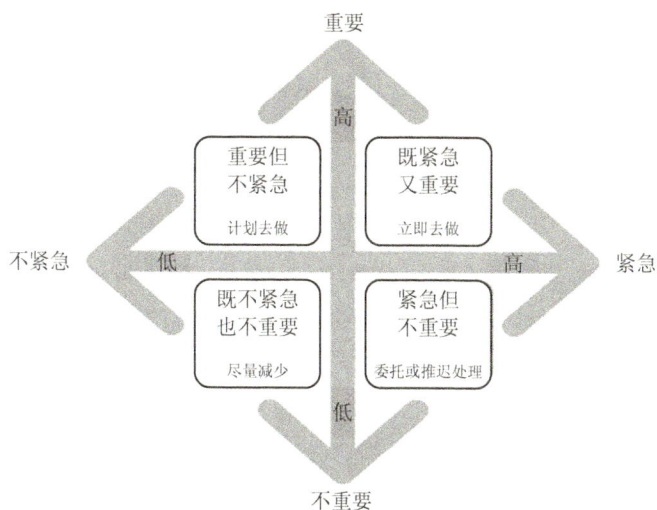

图 3-1　四象限法则示意图

第三象限：紧急但不重要

这类任务很紧急，但对个人和工作的长期目标没有重大影响。例如，接听电话、会见不速之客、召开部门会议等。这类任务往往具有欺骗性，容易让人误以为它们很重要。

第四象限：既不紧急也不重要

这类任务既不重要也不紧急，通常是琐碎的事务或消磨时间的活动。例如，上网、写邮件、写博客等。

二、处理顺序与原则

第一象限：立即去做

这类任务需要优先处理，因为它们往往与重大目标或危机相关，无法回避也不能拖延。

第二象限：计划去做

这类任务虽然不紧急，但对个人和组织的长期发展至关重要。因此，应该给予足够的重视和规划，避免它们变成紧急任务。

第三象限：委托或推迟处理

这类任务虽然紧急，但对长期目标影响不大。可以考虑委托他人处理或推迟处理，以避免自己陷入忙碌却低效的状态。

第四象限：尽量减少

这类任务既不紧急也不重要，应该尽量减少投入时间和精力。偶尔放松一下是可以的，但不应沉溺于此。

三、实施步骤

（1）收集任务。将所有待办任务收集在一个清单上，包括日常工作、学习任务、个人生活等各个方面。

（2）判断重要程度和紧急程度。对每个任务进行重要程度和紧急程度的判断，可以参考任务对工作和目标的实现产生直接影响等标准。

（3）设定优先级。根据判断结果，将任务归入四个象限中的一个，并设定优先级。

（4）制订任务计划。根据任务的优先级和预计的完成时间，制订一个任务计划。可以规划每天、每周或每个月的任务。

（5）执行任务计划：按照任务计划逐步执行任务，始终关注任务的优先级。

（6）定期评估和更新：定期评估任务的进展情况，确定是否需要调整优先级或计划。在每个评估周期内，对已完成的任务进行复盘，对尚未完成的任务进行重新规划。

通过合理应用四象限法则，人们可以更好地管理时间和任务，提高工作效率和生产力，同时避免陷入盲目忙碌的状态。

（六）做好策略选择

企业策略就是对企业长远发展方向、发展目标、发展业务及发展能力的选择及相关谋划。战略的目的就是解决企业发展问题，实现企业的长远发展。因此，策略选择需注意以下四个方面。

（1）"以最快的行动和最优良的装备取胜"。要有雄心勃勃的目标，仔细思考分析，必须随时准备大规模调动现有资源，探索新产品的用途、确定性的顾客群体并说服他们尝试新产品。

（2）"打击对方的弱点"。使用"创新性模仿"快速推出产品，或分析行业、制造商与供应商的习惯以及政策，观察市场，设法找出能获得最大成功、最少阻力的薄弱点作为突破口。

（3）专门技术政策。建立属于自己的专门技术地位，把握时机，不断改进技术，保持技术的领先优势。

（4）改变产品、市场或产业的经济特性。创造实用性，合理地定价；适应顾客的社会现实和经济现实；向顾客提供能代表真实价值的产品或服务。

项目 4 把握创业机会

知识要点

1. 了解创业机会的特征及类型。
2. 了解影响创业机会识别的因素。
3. 掌握识别和把握创业机会的方法。
4. 掌握并选择适合自己创业项目的方法。

能力目标

1. 能够在日常生活中识别出创业机会。
2. 能够选择适合自己的创业机会。

思政目标

1. 当一个新事物出现时，仅有一小部分人能够发现机会并付诸行动，因此做任何事都要善于把握机会，培养善于发现机会的能力。

2. 创业机会遍布生活的各个角落，大学生在学习、生活中要善于用全面的观点看待事物，发现机会。

案例导入

陈安妮的创业机遇

陈安妮，原创漫画作者、快看漫画创始人兼 CEO、网络名人，出生于广东省汕头市，2014 年 6 月大学毕业。她是一个充满创意与激情的年轻女性，曾是漫画界的普通一员，却凭借敏锐的商业嗅觉和不懈的努力，成功发掘并抓住了属于自己的创业机会。

早期，陈安妮在漫画创作上投入了大量心血，但传统漫画行业的盈利模式相对单一，发展空间有限。在一次与粉丝的互动中，她发现许多读者对个性化、定制化的漫画内容有着强烈的需求，而市场上却缺乏这样的服务。这个发现如同一盏明灯，让她看到了创业的新方向。

于是，陈安妮决定利用自己的绘画才能和对市场的深刻理解，创办一个专注于提供个性化漫画定制服务的平台。她深知，要想在竞争激烈的市场中站稳脚跟，就必须做出差异化。因此，她不仅注重漫画内容的创新，还引入了先进的数字化技术，让读者能够参与到漫画的创作过程中，实现真正的个性化定制。

经过不懈的努力，陈安妮的漫画定制平台逐渐在市场上崭露头角。她凭借独特的商业模式和优质的服务，赢得了大量粉丝的喜爱和支持。同时，她还积极与各大品牌合作，推出联名漫画产品，进一步拓宽了盈利渠道。

随着业务的不断发展，陈安妮的创业项目也吸引了众多投资者的关注。她成功融资，为平台的持续扩张和创新提供了有力的资金支持。如今，她的漫画定制平台已经成为行业内的佼佼者，不仅为读者带来了前所未有的阅读体验，也为她自己创造了巨大的商业价值。

2021年8月5日，"快看漫画"正式更名为"快看"，宣布推出创作激励计划，将在未来3年投入10亿元扶持原创漫画，另外投入10亿元携手合作方参与漫剧制作。快看2021年初正式进军全球市场，与全球70个平台合作，覆盖200个国家和地区，用户数超2亿。

创业是基于机会的市场驱动行为，创业机会实际上是一种亟待满足的市场需求。因此，创业是发现市场需求、寻找市场机会、通过投资经营企业来满足这种需求的活动。创业活动的本质体现在创业活动的显著特点是机会导向，创业往往是从识别、评价、把握和利用某个或某些商业机会开始的。创业活动的机会导向表现为创造价值，创业意味着要向顾客提供有价值的产品和服务，通过产品和服务使消费者的需求得到实质性的满足。如何识别与把握创业机会并成功创业，是创业者亟待解决的问题。与此同时，创业者和创业企业也承担着巨大的风险。美国纳斯达克市场的分析指出，20%～30%的创业公司的巨大成功是以70%～80%的企业失败为代价的。特别是由于创业计划与创业企业的复杂性，创业活动可能会偏离预期目标，因此，创业风险的来源与识别是预防创业失败的有效方式。

任务 1　识别创业机会

一、创业机会的特征与类型

创业机会主要是指具有较强吸引力的、较为持久的、有利于创业的商业机会，创业者据此可以为客户提供有价值的产品或服务，同时可使自身获益。为了深入地理解创业机会，首先需要了解创意与机会、商业机会。

（一）创意与机会

1. 创意与机会的含义

创意是对传统的叛逆，是打破常规的哲学，是破旧立新的创造与毁灭的循环，是思维碰撞、智慧对接，是具有新颖性和创造性的想法，是不同于寻常的解决方法。创意是人的知识、智力、能力及优良的个性品质等复杂因素综合优化而成的。

创业机会的概念和来源

机会指具有时间性的有利情况。社会预测学家托·富勒说："一个明智的人总是抓住机遇，把它变成美好的未来。"

2. 创意与机会的关系

创业机会的识别源自创意的产生。创意是一种具有一定创造性的想法和概念，在新的或者改进的产品和服务中肯定不乏各种各样的创意，把握住了任何一个稍纵即逝的、真正的好创意，创业就等于成功了一半。

创意并不等于创业机会。首先，一个创意并不一定是个好创意。创意是一种创新，其突出的标志是具有新颖性、独特性。一个创意可以天马行空，可以不必十分注重其现实的可能性。好的创意除具备新颖性、独特性外，还应具备实用性和潜在价值，即能够付诸实施，并能给社会带来真正的价值。其次，一个好的创意并不一定就是一个好的创业机会。创意是创业机会的一部分，创业机会还包括经验、人才、人脉、资金、管理等诸多方面。好的创意好比一颗种子，需要具备水分、阳光等条件才能生根发芽。好的创意只是发现了市场的需求，并提出了满足市场需求的初步思路和方法，它的实现需要各方面的资源和条件，才能成为创业机会。

（二）创业机会与商业机会

创业机会是有利于创业的一组条件的形成情况。这组条件至少包含如下要素。第一，存在某个细分市场或新形成了某种持续性需求；第二，拟创业者开发了或持有有助于满足前述市场需求的创意；第三，创业者有能力，有资源，可实施所持有的创意；第四，创业者将自己的创意转变为具体的产品或服务，不需要大规模的资金（所谓轻资产）和大的团队（所谓小团队）。当这四个要素都满足时，才可认为客观上存在或形成了某种创业机会。

商业机会通常体现为市场上尚未满足和尚未完全满足的有购买力的消费需要，也称为市场机会。凡是有利于促进企业生产，有利于企业开发产品和开拓市场，能促进企业提高经济效益，有利于企业摆脱困境等方面的信息、条件、时间等，都可称之为商业机会，即商机。

不能简单地认为商机是创业机会。如果这种商机是不可持续的，是昙花一现的，则创业者还没有起步，商机就可能已经消失了。针对特定的商机，创业者如果不能产生与之匹配的创意，这样的商机也不能视为创业机会，因为既无创意，何谈创业。

如果创业者能够产生与特定市场需求相匹配的创意，但没有实施相应创意所需的较大规模的资金（所谓重资产）和团队（所谓大团队），则这样的商机也不能视为创业机会。因为创业者起步之初，多数缺的是资金和众多的追随者。需要重资产、大团队的商机，是规模达到一定阈值的企业的商机，创业者如硬要跟进这样的商机，则多数会失败。综上所述，创业机会本质上是商机、创意、轻资产、小团队四个要素的有机组合。

（三）创业机会的特征

创业学的先驱杰弗里·蒂蒙斯认为，创业机会的特征是具有吸引力、持久性和适时性，并且伴随着可以为购买者或者使用者创造、增加使用价值的产品和服务。

1. 吸引力

创业者所选择的行业，即创业者所要提供的产品和服务，对消费者来说应该是具有吸引力的，即消费者愿意消费该产品和服务。

2. 持久性

创业机会应当具有持久性，能够得到进一步的发展，具体来说就是市场能够提供足够的时间使创业者对创业机会进行开发。创业者进行创业机会分析时，应把握创业机会的这一特征，以免造成对资源和精力的浪费。

3. 适时性

适时性与持久性相对。创业机会存在于某个时间段，在这个时间段进入该产业是最佳时机，这样一个时间段被称作"机会窗口"。换句话说，创业机会具有易逝性或时效性，它存在于一定的空间和时间范围内，随着市场及其他创业环境的变化，创业机会很可能就消失或流失了。

4. 为顾客创造价值

创业机会来源于创意，创意是创业机会的最初状态。创意是一种新思维或者新方法，是一种模糊的机会。如果这种模糊的机会能为企业和顾客带来价值，那么它就有可能转化为创业机会。

（四）创业机会的类型

创业者发现和把握的机会不同，创业活动也随之不同，创业结果也存在明显的差异。根据不同标准，对创业机会也有不同的分类。

1. 根据创业的本质分类

根据创业的本质，创业分为商业诱发型创业和创意推动型创业。商业诱发型创业是指在已识别的细分市场中出现了某种可持续需求的商机，由此诱发了创业者推动创业的后续相关环节，诸如创意构想，获取资源与起步实施，市场回应。在这类创业中，发现市场商机是创业的逻辑起点。所谓创意推动型创业，即创业者开发了某种自认为可为用户创造并传递价值的创意，基于此推动创业的后续环节，诸如甄别可以开发的细分市场、获取资源与起步实施，市场回应。在这类创业中，创意是创业的起点，但是细分市场是否存在显在或潜在商机，是创意是否具有商业价值的试金石。

2. 根据机会的市场价值和创业者创造价值能力分类

根据机会的市场价值和创业者创造价值能力划分，可以将创业机会分为以下4类。

（1）梦想型。机会的价值和创业者是否拥有实现这一价值的能力都不确定。

（2）尚待解决问题型。机会的价值已经较为明确，但如何实现这种价值的能力尚未确定。

（3）技术转移型。机会的价值尚未明确，而创造价值的能力已经较为确定。

（4）市场形成型。创业的价值和创造价值的能力都已确定。

二、影响创业机会识别的因素

创业机会识别作为一种主动行为，带有浓厚的主观色彩，创业者的个体因素起到了重要作用。此外，一些研究者逐渐认识到机会识别是个体与环境的互动过程。外部因素，尤其是环境中的客观机会因素的影响同样不容忽视。

（一）个体因素

1. 创业警觉性

创业警觉性是指一种持续关注、注意未被发觉的机会的能力。创业警觉性是三个维度的整合体，分别为：敏锐预见，指敏感地对商业前景做出前瞻性的预测；探求挖掘，指善于分析和挖掘商业情报和信息，从中离析出潜在的机会，以及隐含的利润；重构框架，指善于打破既定的范式，赋予既有资源以新的价值和用途。

2. 先验知识

人们更容易注意到与自己已有知识相联系的刺激。对于创业者，丰富且广泛的生活阅历是识别潜在商机的主要决定因素，它们帮助创业者识别出新信息的潜在价值。每个个体都有自己独特的先验知识，这就构成了其有别于他人的知识走廊，这种特异性就解释了为何有些人更容易发现一些特定的机会，其他人则不能。先验知识包括特殊兴趣和产业知识两个维度，前者指对某一领域及其相关知识的强烈兴趣，后者是由创业者在多年工作中积累而来的知识和经验。也有研究提出对创业机会识别起关键作用的先验知识有四种，即特殊兴趣的知识和产业知识的结合，关于市场的知识，关于服务市场的方式的知识和有关顾客问题的知识。还有研究表明，先验知识不仅被用来搜索机会，更重要的是它还与认知过程中结构关系的匹配有系统的联系。

3. 创造力

创造性或创新能力最早与乐观、自我效能等因素一同被归为成功创业者性格特质中的一种。但与其他人格特质不同，创造性的重要作用日益显现。创造性是产生新奇或有用创意的过程。从某种程度上讲，机会识别就是一个创造过程，是不断反复的创造性思维过程。在听到更多奇闻轶事的基础上，个人会很容易看到创造性包含在产品、服务、业务的形成过程中。对个人来说，创造过程可分为准备、孵化、洞察、评价和阐述5个阶段。

4. 社会资本

社会资本又称社会网络，是联系创业者和机会的纽带与桥梁，创业者需要通过自己的社会资本获得有关创业机会的信息。创业者自身社会资本的规模、多样性、强度及密度将对机会识别产生重要的影响。研究发现社会资本与个体识别机会的成功率呈正相关。国内学者张玉利等认为创业者的社会资本不仅影响着创业者能不能发现机会，更影响着创业者能发现什么样的机会，也就是说社会资本是影响创业者所识别创业机会的创新性的重要因素。创业者所嵌入的资本规模越大，越有助于接触到丰富多样的信息，从而发现更具有创新性的机会，所以，创业者所嵌入的资本规模对机会创新性有显著的正向预测作用。

（二）环境因素

创业环境可以看成影响创业活动的所有外部因素的总称。影响创业的环境因素复杂多样，创业活动的外部环境常常表现出明显的不确定性特征，这恰恰是创业机会的重要来源。在机会识别中所需要的各种信息需要从外界环境中获取，影响机会识别的环境因素包括市场因素、政府政策、法规等。

三、识别创业机会的常见方法

（一）识别创业机会的过程

创业机会识别过程是一个复杂的、综合性的交互过程，在创业机会识别的所有理论中，机会的三阶段模型是最为学者接受的一个理论模型，它是多维度机会识别过程模型。

1. 创业机会识别三阶段过程模型

创业机会识别三阶段过程模型主要包括机会搜寻、机会识别和机会评价三个阶段，如图4-1所示。

第一阶段为机会搜寻（Opportunity Search），即搜索和发现可能的机会。这一阶段创业者需要搜索整个环境以发现可能的机会，如果遇到了潜在的商机，便进入第二阶段——机会识别（Opportunity Recognition）。这一阶段需解决两个问题，即搜索到的创意是否是一个创业机会，如果是，它是否是创业者所期待的机会。因此，此阶段又分为两个子阶段，第一个为机会的标准化识别阶段，创业者会用标准化的机会模式识别模板判断所遇到的机会是否理想；第二个为机会的个性化识别阶段，即考察这一机会与创业者自身特点的匹配程度。然后，进入三阶段，即机会评价（Opportunity Evaluation）。这一阶段主要考察先前收集的相关信息，将直觉进行量化，根据风险以及风险水平和预期回报的一致性评价决定是否将

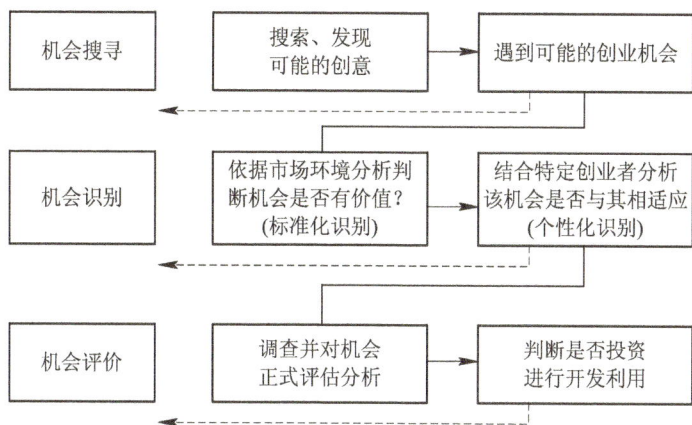

图 4-1　创业机会识别三阶段过程模型

这一创业机会付诸实践。

该模型增进了我们对创业识别过程的认识和理解，对创业机会识别研究做出了基础性贡献，许多学者都是在此基础上进行扩展和完善的。但是琳赛(Lindsay)和克雷格(Craig)对于调查对象和研究样本并不是随机选择，这一过程模型有待验证。

2. 多维度机会识别过程模型

多维度机会识别过程模型是基于创造力提出的机会过程模型，此模型将机会识别分为5个阶段：准备、沉思、洞察、评估和经营，如图 4-2 所示。

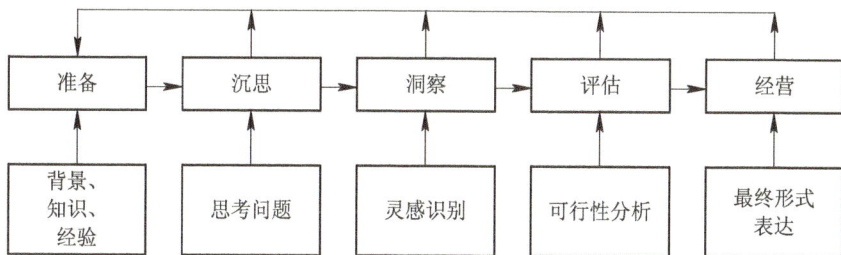

图 4-2　多维度识别过程模型

（1）准备阶段(Preparation)，指知识和技能的准备，这些知识和技能可能来自创业者的个人背景、工作或学习经历、爱好以及社会网络。

（2）沉思阶段(Incubation)，指创业者的创新构思活动，这一过程并非有意识地解决问题或系统分析，而是对各种可能和选择的无意识思考。

（3）洞察阶段(Insight)，指创意从潜意识中迸发出来，或经他人提点，被创业者意识到，这类似于问题解决的领悟阶段，可以用"豁然开朗"来形容。

（4）评估阶段(Evaluation)，即有意识地对创意的价值和可行性进行评定和判断，评估的方式包括初步的市场调查、与他人进行交流以及对商业前景的考察。

（5）经营阶段(Elaboration)，是指对创意进一步细化，使创意得以实现。

（二）识别创业机会的方法

1. 着眼于问题把握机会

机会并不意味着无需代价就能获得，许多成功的企业都是从解决问题起步的。问题就是现实和理想的差距。顾客的需求在没有满足之前就是问题，而设法满足这一需求，就抓住了市场机会。例如巴西阿苏尔航空公司，他们以机票低廉而著称，但愿意搭乘他们航班的巴西人并不多。研究发现，原因在于乘客还需要从家里乘出租车到机场，而这个费用可能要占到机票的 40%～50%，同时又没什么公交系统或者线路支持这个行程。换言之，"从家到机场"是顾客行程的一部分，但没有得到有效地满足。于是，阿苏尔航空决定为乘客提供到机场的免费大巴。如今，每天有 3 万名乘客预定阿苏尔航空的机场大巴车，阿苏尔航空也成为巴西成长最快的航空公司。

2. 利用变化把握机会

变化中常常蕴藏着无限商机，许多创业机会产生于不断变化的市场环境。环境变化将带来产业结构的调整、消费结构的升级、思想观念的转变、政府政策的变化、居民收入水平的提高，透过这些变化就会发现新的机会。

3. 跟踪技术创新把握机会

世界产业发展的历史告诉我们，几乎每一个新兴产业的形成和发展都是技术创新的结果。产业的变更或产品的替代，既满足了顾客需求，同时也带来了前所未有的创业机会。

4. 在市场夹缝中把握机会

创业机会存在于为顾客提供价值的产品或服务中，而顾客的需求是有差异的。创业者要善于找出顾客的特殊需求，发现顾客的个性需要并认真研究需求特征，这样就可能发现和把握商机。

5. 捕捉政策变化把握机会

市场会受到政府政策的影响，新政策的出台往往会带来新商机，如果创业者善于研究和利用政策，就能抓住商机、站在潮头。

6. 弥补对手缺陷把握商机

很多创业机会源于竞争对手的失误而意外获得，如果能及时抓住竞争对手策略中的漏洞，或者能比竞争对手更快、更可靠、更便宜地提供产品或服务，也许就找到了机会。

创业机会的识别

延伸阅读

李维斯的例子

大家都知道，牛仔裤的发明人是美国的李维斯。当初他跟着一大批人去西部淘金，途中一条大河拦住了去路，许多人感到愤怒，但李维斯却说"棒极了"。他设法找了一条船给想过河的人摆渡，结果赚了不少钱。不久摆渡的生意被人抢走了，李维斯又说"棒极了"。因为采矿出汗很多，所以饮用水很紧张。于是他就在矿上卖水，又赚了不少钱。后来卖水的生意又被抢走了，李维斯又说"棒极了"。因为采矿时工人跪在地上，裤子的膝盖部分特别容易磨破，而矿区里有许多被人抛弃的帆布帐篷，李维斯就把这些旧帐篷收集起来洗干净并做成裤子出售，销量很好。牛仔裤就是这样诞生的。

同样的市场环境，同样去西部淘金，为什么是李维斯而不是其他人能够发现机会？为什么是李维斯而不是其他人能够在每次尝试中都赚到钱？这都源于他对于消费者需求的把握。换句话说，市场上出现了与经济发展阶段有关的新需求，相应地，就需要有企业去满足这些新的需求，这同样是创业者可利用的商业机会。

任务 2　选定创业项目

一、选定创业项目的原则

创业投资项目从计划到实施能否顺利进行，在很大程度上取决于创业项目能否吸引风险投资。那么，如何选择创业项目呢？在创业项目的选择上一定要科学合理、细致全面、小心谨慎。

1. 选择有发展前景的创业项目

作为大学生创业者，一定要有敏锐的市场洞察力。在开始创业之前，要考察当地市场，看看这个创业项目是否具有独创性，有多大的市场容量。

有这样一个经典故事，从前，有两个鞋商到一个岛国去考察鞋的市场潜力。在此之前，生活在那个岛上的人，谁也没有穿过真正像鞋这样的东西。两个鞋商看到这种情况后，一位鞋商琢磨着这里没人穿鞋，所以鞋肯定卖不掉；而另一位鞋商却认为正因为没人穿鞋，市场是一个空白，潜力无穷，所以鞋一定会很好卖。

2. 选择有特色的创业项目

面临竞争激烈的市场环境，创业者要清楚创业项目所推出的服务或产品与竞争对手的差异点，这些差异点对于消费者具有怎样的价值，而这些差异点就是创业项目的特色，要让特色成为项目的亮点。项目越有特色，对消费者越有价值，产品或服务就越好卖，盈利就越多。所以选择对消费者有价值的项目，只要方向正确，就能快速地启动市场。只有为消费者提供最需要的服务和产品，才能获得消费者的认可，这样才会有更多的回头客，也会慢慢地建立起好的口碑。

3. 选择合法化的创业项目

要选择国家允许准入的行业和领域的创业项目。要了解国家政策，如国家对普通的民用商品一般没有什么限制，但对一些特殊领域是明令禁止的，对部分领域的准入是有限制条件的，因此在相对虚拟化的互联网平台上操作时就要注意操作的合法化。此外，还要避免涉及一些国家政策没有规定的"灰色区域"，要确保项目是国家允许的。

二、选择适合自己的创业项目

创业的第一步是认识自己，当通过科学评估，认为自己具备了创业者特质后，接下来要做的就是选择创业项目。俗话说"万事开头难"，选对了项目，创业就成功了一半。

预测创业风险

大学生这个特殊的群体应尽量选择与自己的经验、兴趣、特长挂钩的创业项目，要选择尽量能够发挥自身优势的创业项目。

（1）选择享受政策优惠的创业项目。为了鼓励大学生创业，各级政府和行政主管部门出台了一系列的优惠政策，有些是专门针对具体行业的，如大学生创业新办咨询业、信息业、技术服务业的企业，可免征企业所得税两年；创业新办从事交通运输、邮电通信的企业，第一年免征企业所得税，第二年减半征收企业所得税；创业新办从事公用事业、商业、物资业、对外贸易业、旅游业、物流业、仓储业、居民服务业、饮食业、教育文化事业、卫生事业的企业，可免征企业所得税一年。大学生创业者可以根据自身的实际情况，在这些可享受优惠的项目中找到适合自己创业的项目。

（2）选择投入资金较少和资金周转期短的创业项目。由于大学生创业的融资渠道比较少，大多数的创业大学生都是借助父母、亲友的力量和自己的一些积蓄作为启动资金开始创业的，加上大部分学生都来自工薪家庭，能够获取的创业资金也有限。因此，大学生在刚开始创业时，应尽量选择初期投入资金少、资金周转快的项目，这样才能有充足的流动现金维持企业的正常经营。同时，大学生也要避免选择一些需要大量库存的项目。库存一多，资金周转必然缓慢，这不是小资本所能维持的；如果市场也不稳定，必然会导致资金周转不灵，使企业陷入倒闭的困境。

（3）选择时避开技术性过高的创业项目。大学生如果没有十足的把握，应尽量避免开始创业就进入高科技行业，因为高科技行业需要投入大量的研发成本，对大学生这样资金较少的创业者是一项很重的负担。因此，大学生可以先选择一些相对比较容易的行业，在积累了一定的资本后再考虑转入高科技行业。

创业融资概述

大学生创业分为两类，一类是以服务内容的变化与革新为内涵的服务创业，另一类则是以新技术为核心的科技创业。无论是文科还是理科的大学生，都应以服务创业为主。

首先，科技创业的学生企业在技术含量上没有优势。现在是科技高速发展的时代，很难简单地通过一点技术革新来改变或建立一个行业，现在的科技革新一定是建立在一定科研基础之上的，而一个本科生或几个硕士生的科研力量是极其有限的，很难真正创造社会需要的科技产品。与此同时，学生企业在技术转化方面存在很多现实的问题。大学生最为优良的素质表现为创新的理念与创新的活力，而我国的服务行业又正在一个发展与完善的转型过程中，大学生完全可以发挥自己的优势，在服务行业里大显身手。

（4）选择成长期的创业项目。大学生创业者一般都是 20 来岁的年轻人，喜欢新事物，在创业时也往往会去选择一些刚开发出来、毫无市场基础的项目，这样会有很大的风险。只有当一个项目处于市场已经开发，但是现有的供应能力不足的时候，才应该及时选择，这样成功的概率就会大很多。选择这些处于成长期的项目，不但能有效降低风险，而且可以获得相对较大的利润空间。

（5）选择雇佣人力资本较少的创业项目。大学生创业者普遍缺少实际的管理经验，如果一上手就开始管理很多员工，往往会使企业内部变得混乱。创业初期应该以开拓市场为主导，如果经常被人事工作所拖累，就不可能有大量的精力去完成其他重要的工作。因此，没有管理经验的大学生可以先选择创建几个人的小企业，积累管理经验，而随着企业的不断壮大，就自然有能力管理更多的员工。

在选择创业项目时，大学生会受到自身的性格、背景及外部环境等方面因素的影响，首先是自身的性格特征因素，包括个人性格、优点和缺点、理性程度、魄力、魅力、专业专长等；其次是个人背景因素，包括父母和自己的人脉、可筹集的资金、对创业有用的信息等能够利用的各种资源；最后是所处的外部环境因素，包括政策、法律、经济形势、技术的变革、市场的需求、竞争环境等。立志于自主创业的大学生应该对自身所处环境有清晰的认识。

延伸阅读

马 云 的 创 业 之 路

创业机会的评价

马云创业的道路并非一帆风顺。20 世纪 90 年代末，当互联网在中国还处于萌芽状态时，马云已经敏锐地察觉到了这个新兴领域的巨大潜力。尽管当时他对互联网技术并不精通，但他凭借对未来趋势的敏锐洞察，决定投身其中。这一决定，正是基于他对有发展前途的项目的深刻理解——即选择那些能够顺应时代潮流，具有广阔市场前景的行业。

马云选择创业项目的另一个关键原则是独特性。在众多互联网创业方向中，他并没有盲目跟风，而是独辟蹊径，选择了电子商务这一在当时看似冷门实则潜力无限的领域。他深知，要想在激烈的市场竞争中脱颖而出，就必须有自己的特色和差异化优势。于是，阿里巴巴应运而生，它不仅为中小企业提供了一个展示和销售产品的平台，更通过创新的商业模式，改变了中国传统商业的格局。

在创业过程中，马云始终坚持合法合规的原则。他深知，一个企业的长远发展，必须建立在合法经营的基础之上。因此，在阿里巴巴的快速发展过程中，他始终注重企业的法律建设和合规管理，确保企业在法律的框架内稳健前行。

马云选择创业项目时，也充分考虑了自身的特点和背景。他虽非技术出身，但拥有出色的沟通能力和对市场的敏锐洞察力。这些特质使他在创业过程中能够准确把握市场需求，有效整合资源，带领阿里巴巴不断壮大。

马云的性格特点也与他选择的创业项目高度匹配。他乐观向上，勇于面对挑战，这种性格使他在创业过程中能够保持坚定的信念，不断克服困难。同时，他的开放心态和包容精神，也促使阿里巴巴形成了一个创新、协作的企业文化，为企业的持续发展注入了强大的动力。

马云选择创业项目的过程，是一次深刻体现个人智慧与时代机遇完美结合的典范。他的成功，不仅在于他选择了正确的创业方向，更在于他能够充分发挥自身的优势和特点，将创业项目与个人的发展紧密结合在一起。

项目5　组建创业团队

知识要点

1. 了解创业团队的内涵、构成要素与类型。
2. 掌握创业团队的组建形式、原则与程序。
3. 掌握创业团队的管理技巧和策略。

能力目标

1. 能够组建自己的创业团队。
2. 能够协调处理好创业团队内部的各种关系。

思政目标

1. 通过对创业团队意义的了解，明白团队的重要作用，在日常生活中学会团结他人。
2. 做任何事都不能蛮干，要讲究技巧和策略，只有这样才能达到事半功倍的效果。

案例导入

团队的力量

　　小米公司在短短几年的时间内就在手机行业开创了一片天地，正是因为该公司拥有一个非常优秀的创业团队。小米公司的核心人物是董事长兼首席执行官——雷军，雷军同时是国内软件公司——金山软件的董事长，也是一位业界知名的投资者。小米公司的总裁林斌此前是谷歌中国工程院的副院长，互联网行业的专家；副总裁周光平是前摩托罗拉北京研发中心的高级总监，对手机研发具有丰富的经验；副总裁刘德则是北京科技大学工业设计系主任，代表着国内一流的设计水平。团队内还有些曾经供职于微软等知名互联网企业的研发总监、产品经理等，这些高水平的团队成员具有过硬的专业能力和在各个领域内广泛的社会关系，与雷军强强联合，共同组成了一个优秀的创业团队。

小米公司在初创时就提出了成为世界 500 强公司的期望，并明确了"使手机取代计算机"的愿景。各个领域的优秀成员被同样的愿景打动，这个愿景使他们凝聚在一起共同奋斗。同时小米公司的创业团队成员之间没有严格的等级界限，他们营造了一种轻松的伙伴式工作氛围，彼此可以自由交换意见、传递信息，共同解决问题，这使团队的运作非常高效，从而能够对市场做出及时且有效的反应。在如此优秀的创业团队的带领下，小米公司很快适应了新的行业和新的市场需求，取得了惊人的成绩，在智能手机领域占据了一席之地。

任务 1　挑选创业伙伴

创业团队（Entrepreneurial Team）是指在新企业创建初期由两个或两个以上才能互补、责任共担、所有权共享、愿为共同的创业目标而奋斗，且处于新企业高层管理位置的人共同组成的有效工作群体。

美国学者 Stephen P. Robbins 在其《组织行为学》（*Organizational Behavior*）一书中指出：团队是指在特定的可操作的范围内，为实现特定的目标而合作的人的共同体。他强调，为了实现团队的目标，必须在团队内部进行有效的沟通。Jon R. Katzenbach 认为团队有以下特征：① 团队拥有一个共同的任务和目标；② 成员同舟共济，共同承担风险与责任；③ 成员间知识技能具有互补性；④ 成员之间信息共享，彼此尊重、诚信；⑤ 对团队的事务尽心竭力，全方位奉献。

初识创业团队

一、创业伙伴的来源

本书针对的是大学生创业者，因此创业伙伴来源自然就是大学生了。但这并不意味着只能从同一所学校或同一专业中寻找合作伙伴。实际上，大学生创业者可以从多个渠道发掘潜在的合作伙伴，以下是几种主要的来源。

（一）同校同学

这是最直接也最常见的一种来源。在同一所学校学习的同学之间往往有着相似的背景、兴趣和价值观，更容易产生共鸣和默契。通过日常的交流、课堂讨论或社团活动，大学生可以结识志同道合的伙伴，共同探讨创业的可能性。

（二）校友网络

校友是另一个宝贵的资源。他们已经毕业并在各行各业中积累了宝贵的经验和资源。

通过与校友的交流，大学生可以了解到行业的最新动态、获取宝贵的创业建议，甚至可能直接找到愿意合作的校友作为创业伙伴。

（三）创业社团或组织

许多大学都设有创业社团或组织，这些社团聚集了大量对创业感兴趣的学生。大学生参加这些社团不仅可以学到创业相关的知识和技能，还能结识到一群同样充满激情和梦想的创业者。

（四）在线平台和社区

随着互联网的普及，越来越多的创业者开始通过在线平台和社区来寻找合作伙伴。这些平台和社区往往聚集了大量来自不同背景、专业和地区的创业者，他们在这里分享经验、交流想法、寻求合作。大学生可以通过这些平台拓宽自己的视野，结识更多潜在的合作伙伴。

（五）创业比赛和孵化器

参加创业比赛和入驻孵化器是大学生创业者寻找合作伙伴的另一种有效途径。在这些场合，大学生可以展示自己的创业项目和理念，吸引志同道合的创业者或投资者的关注。同时，通过与其他参赛者或孵化项目团队的交流，大学生也有可能找到合适的合作伙伴。

大学生创业者可以从同校同学、校友网络、创业社团、在线平台和社区以及创业比赛和孵化器等多个渠道来寻找创业伙伴。在寻找过程中，关键是要保持开放的心态，积极与他人交流，不断拓宽自己的社交圈和人脉资源。只有这样，才能找到最适合自己的创业伙伴，共同开启一段充满挑战和机遇的创业旅程。

二、挑选创业伙伴的原则

挑选创业伙伴是创业过程中至关重要的一环，因为一个好的伙伴不仅能为创业项目带来专业技能和资金，还能在困难时期提供支持和动力。

（一）共同愿景与价值观

（1）确保创业伙伴与自己有共同的愿景和长期目标，这是合作的基础。

组建创业团队的原则和程序

（2）价值观的一致性也很重要，它决定了创业伙伴在面对挑战和决策时的行为准则。

（二）互补技能与经验

（1）寻找具有不同但互补技能和经验的伙伴，这样可以弥补自身的不足。

（2）一个好的团队应该包含技术、市场、财务、运营等多方面的专业人才。

（三）信任与尊重

（1）信任是合作关系的基石，确保完全信任伙伴。

（2）尊重彼此的观点和贡献，建立开放、平等的沟通氛围。

（四）责任感与承诺

（1）创业伙伴应该有强烈的责任感和使命感，对创业项目投入足够的时间和精力。

（2）确保伙伴对创业项目有长期的承诺，而不是短期的利益追求。

（五）沟通与协作能力

（1）良好的沟通能力是团队合作的关键，确保伙伴之间能够坦诚地交流想法和意见。

（2）协作能力很重要，伙伴应该能够共同解决问题，共同面对挑战。

（六）适应性与灵活性

（1）创业过程中会遇到各种未知和变化，伙伴应该具备适应性和灵活性，能够迅速调整策略。

（2）愿意学习和接受新事物的态度也是非常重要的。

（七）风险承受能力与资金投入

（1）了解伙伴的风险承受能力，确保能够在创业过程中承受一定的经济压力。

（2）资金投入也是需要考虑的因素之一，虽然不是唯一的标准，但适当的资金投入可以体现伙伴对项目的信心和支持。

（八）背景调查与参考

（1）在正式合作之前，对潜在伙伴进行背景调查，了解他们的过往经历、信誉和口碑。

（2）如果可能的话，寻求其他创业者或行业专家的参考意见。

挑选创业伙伴时要综合考虑多个方面的因素，确保能够形成一支互补、协作、有共同目标和价值观的创业团队。这样的创业团队更有可能在创业道路上取得成功。

三、创业团队的组建形式

（一）组建原则

1. 目标明确合理原则

目标必须明确，这样才能使团队成员清楚地认识到共同的奋斗方向是什么。与此同时，目标也必须是合理的、切实可行的,这样才能真正达到激励的目的。

2. 互补原则

创业者之所以寻求团队合作,其目的就在于弥补创业目标与自身能力间的差距。只有当团队成员在知识、技能、经验等方面实现互补时,才有可能通过相互协作发挥出"1+1＞2"的协同效应。

3. 精简高效原则

为了减少创业期的运作成本、最大比例地分享成果,创业团队人员构成应在保证企业能高效运作的前提下尽量精简。

4. 动态开放原则

创业过程是一个充满了不确定性的过程,团队中可能因为能力、观念等多种原因不断有人离开,同时也有人要求加入。因此,在组建创业团队时,应注意保持团队的动态性和开放性,使真正完美匹配的人员能被吸纳到创业团队中来。

延伸阅读

字节跳动——从校园项目到全球科技巨头的飞跃

字节跳动(ByteDance)成立于 2012 年,由张一鸣在北京创立,起初是一个专注于移动互联网信息分发和内容推荐的平台。从一个校园内的创业项目起步,字节跳动迅速成长为全球知名的科技公司,旗下拥有抖音(TikTok)、今日头条、西瓜视频等多个知名品牌,其用户覆盖全球超过 150 个国家和地区,成为移动互联网领域的一股不可忽视的力量。

一、团队组建过程与特点

1. 创始人愿景与团队招募

张一鸣在创立字节跳动之前,曾在多家互联网公司工作,积累了丰富的技术和管理经验。他深刻认识到移动互联网时代信息过载的问题,萌生了利用算法优化信息分发的想法。

在创立初期,张一鸣通过社交媒体、技术论坛和校园宣讲等方式,积极招募志同道合的团队成员。他强调"延迟满足感"和"信息创造价值"的企业文化,吸引了大量具有创新思维和技术背景的人才加入。

2. 多元化背景与高效协作

字节跳动的团队成员来自全球各地,拥有不同的文化背景、专业技能和工作经验。这种多元化不仅丰富了团队的创新思维,也促进了跨文化交流与合作。

团队内部实行扁平化管理,鼓励员工跨部门合作,打破信息孤岛。通过高效的协作机制,团队能够快速响应市场变化,持续推出创新产品。

3. 技术驱动与数据导向

字节跳动始终坚持以技术为核心驱动力,不断投入研发资源,提升算法推荐的精准度和用户体验。

团队注重数据分析和用户反馈，通过大数据和人工智能技术，深入了解用户需求和行为习惯，不断优化产品和服务。

4. 全球化视野与本地化运营

字节跳动在全球化战略上表现出色，通过本地化运营和精准的市场定位，成功将产品推向全球市场。

团队在全球范围内建立研发中心和运营团队，深入了解当地文化和市场需求，推出符合当地用户习惯的产品和服务。

二、成功要素

愿景引领：张一鸣的愿景和企业文化为团队提供了明确的方向和动力，激发了团队成员的积极性和创造力。

多元化与协作：团队成员的多元化背景和高效协作机制促进了创新思维的碰撞和融合，提升了团队的整体竞争力。

技术驱动：字节跳动始终坚持技术驱动的发展策略，通过不断的技术创新和研发投入，保持了在全球市场的领先地位。

全球化视野：团队具备全球化视野和本地化运营能力，能够灵活应对不同市场的挑战和机遇。

字节跳动从校园项目起步，凭借创始人张一鸣的远见卓识、多元化的团队成员、高效协作机制以及技术驱动和全球化视野，成功成长为全球知名的科技公司。

（二）组建形式

组建创业团队的形式主要有合伙制和公司制两种。

1. 合伙制

合伙制由合伙人订立合伙协议，共同出资、合伙经营、共享收益、共担风险，并对债务承担无限连带责任。创业团队采取合伙制是一种过渡型创业模式，有利于将创业中的激励机制与约束机制有机地衔接起来。合伙人执行合伙企业事务时，有由全体合伙人共同执行合伙企业事务和委托一名或数名合伙人执行合伙企业事务两种形式。这种创业模式比较自由灵活，启动资金少，创业者可以抓住消费群体的特点来确定行业，降低创业风险。

2. 公司制

公司制是采取设立有限责任公司或股份有限公司的形式组建创业团队，运用公司的运作机制及形式进行创业。公司制能够集中资金进行投资活动，以自有资本进行投资有利于控制风险；投资收益可以根据自身发展需求，做必要扣除和提留后再进行分配；随着业务的快速发展，可以申请进行改制上市，使投资者的股份可以公开转让，进而将所得资金用于循环投资。

（三）组建程序

1. 明确创业目标

创业团队的总目标就是要通过完成创业阶段的技术、市场、规划、组织、管理等各项工作实现企业从无到有、从起步到成熟。总目标确定之后，为了推动团队最终实现创业目标，再将总目标加以分解，设定若干可行的、阶段性的子目标。

2. 制订创业计划

在确定了阶段性子目标以及总目标之后，紧接着就要研究如何实现这些目标，这就需要制订周密的创业计划。创业计划是在对创业目标进行具体分解的基础上，以团队为整体来考虑的计划，创业计划确定了在不同的创业阶段需要完成的目标，通过逐步实现这些阶段性目标来最终实现创业目标。

3. 招募合适的人员

招募合适的人员也是组建创业团队最关键的一步。关于创业团队成员的招募，主要应考虑两个方面。一方面，考虑互补性，即考虑其能否与其他成员在能力或技术上形成互补。这种互补性形成既有助于强化团队成员间彼此的合作，又能保证整个团队的战斗力，更好地发挥团队的作用。一般而言，创业团队至少需要管理、技术和营销三个方面的人才。只有这三个方面的人才形成良好的沟通协作关系后，创业团队才可能实现稳定高效。另一方面，考虑适度规模，适度的团队规模是保证团队高效运转的重要条件。团队成员太少无法实现团队的功能和优势，而过多又可能会产生交流的障碍，团队很可能会分裂成小团体，进而大大削弱团队的凝聚力。一般认为，创业团队的规模控制在 2～12 人最佳。

4. 职权划分

为了保证团队成员执行创业计划、顺利开展各项工作，必须预先在团队内部进行职权的划分。创业团队的职权划分就是根据执行创业计划的需要，具体确定每个团队成员所要承担的职责以及相应所享有的权限。团队成员间职权的划分必须明确，既要避免职权的重叠和交叉，也要避免无人承担造成工作上的疏漏。此外，由于还处于创业过程中，面临的创业环境又是动态复杂的，不断会出现新的问题，团队成员可能不断出现更换，因此创业团队成员的职权也应根据需要不断地进行调整。

5. 构建创业团队制度体系

创业团队制度体系体现了创业团队对成员的控制和激励能力，主要包括团队的各种约束制度和各种激励制度。一方面，创业团队通过各种约束制度（主要包括纪律条例、组织条例、财务条例、保密条例等）指导其成员避免做出不利于团队发展的行为，实现对其行为的有效约束，保证团队的稳定秩序；另一方面，创业团队要实现高效运作需要有效的激励机制（主要包括利益分配方案、奖惩制度、考核标准、激励措施等），使团队成员看到随着创业目标的实现，其自身利益将会得到怎样的改变，从而达到充分调动成员的积极性、最大限度发挥团队成员作用的目的。要实现有效的激励首先就必须把成员的收益模式界定清楚，尤其是关于股权、奖惩等与团队成员利益密切相关的事宜。需要注意的是，创业团队的制度体系应以规范化的书面形式确定下来，以免带来不必要的混乱。

6. 团队的调整融合

完美组合的创业团队并非是创业一开始就能建立起来的，很多时候是在企业创立一定时间以后随着企业的发展逐步形成的。随着团队的运作，团队组建时在人员匹配、制度设计、职权划分等方面的不合理之处会逐渐暴露出来，这时就需要对团队进行调整融合。由于问题的暴露需要一个过程，因此团队调整融合也应是一个动态持续的过程。在完成了前面的工作步骤之后，团队调整融合工作专门针对运行中出现的问题不断地对前面的步骤进行调整，直至满足实践需要为止。在进行团队调整融合的过程中，最重要的是要保证团队成员间经常进行有效的沟通与协调，培养强化团队精神，提升团队士气。

任务 2　建设创业团队

一、建设创业团队的原则

很多研究和实践都证明，团队型创业的成功率高于个人型创业，一个优秀的团队对创业的成功起着举足轻重的作用，团队工作的形式可以使团队成员取长补短，以此拥有更多的资源、更广阔的视野和更强的能力。因此，唯有组建一支高效的创业团队，依靠团队的智慧和力量，创业的成功才有保障。

（一）高效创业团队的特点

1. 清晰的目标

高效的团队对于要达到的目标有清楚的了解，并坚信这一目标包含重大的意义和价值。而且，这种目标的重要性还激励着团队成员把个人目标升华到群体目标中。在高效团队中，成员愿意为团队目标做出承诺，清楚地知道个人的工作职责，以及怎样共同完成工作任务。

2. 互补相关的技能

高效的团队是由一群有能力的成员组成的，他们具备实现理想目标所必需的技术和能力，以及相互之间能够良好合作的个性品质，从而出色完成任务。

3. 合理的团队构成

合理、高效的团队一般由 4～10 人构成。

4. 高度的忠诚、承诺、活力

高效团队成员对团队表现出高度的忠诚和承诺，为了使群体获得成功，他们愿意付出努力。每个人都具有充分活力，愿意为目标全力以赴，觉得工作非常有意义，自身可以学习成长，不断进步。

5. 相互的信任

成员间相互信任是有效团队的显著特征，也就是说，每个成员对其他人的行为和能力都深信不疑。

6. 良好的沟通

这是高效团队一个必不可少的特点。群体成员通过畅通的渠道交换信息，包括各种言语和非言语信息。此外，管理层与团队成员之间健康的信息反馈也是良好沟通的重要特征，有助于管理者了解团队成员的行动，消除误解。高效团队中的成员能迅速准确地了解一致的想法和情感。

7. 适当的领导

团队领导人对照顾团队任务的达成与人员情感的凝聚保有高度的弹性，能在不同的情境中做出适当的领导行为。

8. 最佳绩效

团队能够在有限的资源之下，创造出最佳的绩效，即团队能够做出当时的最佳决策并有效执行。

9. 肯定与欣赏

成员能够真诚地赞赏，相互了解彼此的感受，肯定成员对小组的贡献。这是帮助团队成长向前的动力。

10. 士气

个人以身为团队的一分子为荣，个人受到鼓舞并拥有自信自尊，组员以自己的工作为荣，并有成就感和满足感，有强烈的向心力和团队精神。

（二）建设高效创业团队的原则

1. 目标明确，志同道合

创业者要打造一支优秀的团队，首先要明确团队的目标和使命。团队的目标很重要，因为目标就是方向，没有目标的团队就失去了存在的意义。所以，创业者要让团队成员清楚自己的奋斗目标和使命，工作都围绕一个共同的目标展开，才能达成团队目标。在明确团队的目标后，团队的领头人应该以这个共同的目标为出发点来召集团队的成员。团队成员应志同道合，有共同的价值观和人生观。

该如何选择团队成员呢？创业者应选择那些认同公司价值观、能够互补的人。价值观的认同很关键，如果不认同公司的价值观，就不能实现良好的沟通，也就没有效率可言。

2. 优势互补，相得益彰

创业者在组建团队时要用人所长，以达成优势互补。创业团队成员不能是清一色的技术型人才，也不能全是终端销售。在一个优秀的创业团队中，成员应该各有各的长处，相互补充，相得益彰。

相对来说，一个优秀的创业团队必须包括以下几种人：创新意识非常强的人，这类人可以帮助决定公司未来的发展方向，相当于公司的战略决策者；策划能力极强的人，能够全面细致地分析整个公司面临的机遇与风险，考虑成本、投资、收益的来源及预期收益，甚至还可以负责规范公司的管理章程、设计长远规划等工作；执行能力较强的成员，具体负责联系客户、接触终端消费者、拓展市场等工作。此外，如果是一个技术类的创业公司，那么还应该有一个研究高手（甚至是研究型领导者）；当然，这个创业团队还需要有人掌握必要的财务、法律、审计等方面的专业知识。唯有这样，团队成员的配备才算合格。

3. 建章立制，有章可循

没有规矩不成方圆，一个团队如果想要提升战斗力，则必须建立健全的规则，如岗位职责、权利的界定，团队成员沟通、交流方式的确立等。这些规则要保证团队的正常运行，激发团队成员的主动性、积极性和创造性，使整个团队充满活力。

创业者在建立内部制度时，一定要制定相对完善的股东协议，明确合作伙伴和原始投资人之间的关系。对合伙创业而言，现在是"股份＋期权"的契约年代。不管是兄弟创业还是合伙创业，能够做大、做强的企业不多，这是因为对创业契约文化还不够了解。在组建团队时，有一些事情需要合伙人提前约定好。创业者与朋友共同创业时，千万别说"请你来帮我"，而是要事先讲好规则。友情不能维持合伙关系，事实上生意上的合伙关系很容易破坏多年的友情。

4. 职责清晰，分工明确

准确的自身角色定位是团队建设的重要砝码。事实上，一个企业、一个部门想要创造出优良绩效，首先要对每位成员做出准确的定位，做到职责清晰、分工明确、资源共享、消除壁垒，从而使团队实现高效运行。

明确角色定位能为团队的高效运作提供有力的保障。这是因为明确了各自的职责后，就能有效确保团队成员各司其职、各尽其力，避免了因不规范而产生矛盾的现象。

5. 心胸博大，宽以待人

创始人应该有博大的心胸，能宽厚待人，懂得如何与人合作，让团队成员体会到合作带来的快乐、喜悦，并分享劳动成果。

一个人的心胸决定了他所能达到的事业高度。宽容是领导者首先必备的一种道德品质，是合作的黏合剂。唯有和谐的合作才能让合作者感到愉快，才能激发出合作者最大的工作热情和才智，打造一个有竞争力的团体。在合作过程中，不要太计较小事。创业团队里最关键的人自然是企业的领军人物，而其对员工的管理要审时度势、宽严有度。

6. 建立有效的沟通机制

有效的沟通能及时消除和化解领导与成员之间、各部门之间、成员之间的分歧与矛盾。因此，企业必须建立良好的沟通环境，以增强团队凝聚力，减少"内耗"。对管理者来说，首先应意识到沟通的重要性。管理就是沟通，许多企业的管理问题是由沟通不畅引起的。良好的沟通可以使人际关系和谐，有助于团队顺利完成工作任务，达成绩效目标。沟通不良会导致生产力低下、品质与服务不佳，使成本上升。

7. 相互宽容，求同存异

由于团队成员在认识上的差异，加上在信息沟通上的障碍、态度的相悖及利益的互斥，矛盾和冲突在所难免。当破坏性的矛盾和冲突发生后，应该通过协商解决，但在协商中也应注意一些技巧的运用。

一个企业能否走得更远，取决于领导和创业团队成员的基本素质。企业的成长是人才成长的集中体现，企业的成功也是人才的成功。组建一支优秀的创业团队，对任何企业而言都是一项至关重要的工作，它决定着创业的成败。而优秀团队的标准是团队成员拥有高度责任感、丰富的行业经验和合作的心态。

二、管理创业团队的策略

（一）凝聚人心

创业团队所有成员都认同整个团队是一股密切联系而又缺一不可的力量，大家都能够认识到只有企业获得成功才能保证团队中每一个人的利益，团队中任何人都不会因为自己的个人利益去损害公司的整体利益。

（二）合作精神

成功的创业公司最显著的特点是拥有一个能整体协同配合的团队，而不仅仅是培养一两个杰出的人物。团队成员注重互相配合，能够减轻他人的工作负担并提高整体的效率。他们注重在创业者和关键成员中培养核心人物，并通过奖酬制度进行有效激励。

（三）全局视野

团队中每个人可能只承担了任务的一个部分，但是每个人都要明白整个任务的目标、设计思路及预期目标，不能只关心自己所负责的部分，形成狭隘的部门思维。

（四）立足长远

创业是一个艰苦卓绝的过程，团队成员们应该认同企业的长远目标，不能指望一夜暴富。创业是一个持续 5 年甚至 10 年的过程，在这个过程中不会是一帆风顺的，会有酸甜苦辣各种经历，团队成员需要的是不断奋斗，坚持到最后的胜利。

（五）收益目标

创业者的目标是企业的成功，而非每月的薪水。团队成员需要认识到，最终的资本收益才是他们获得成功的标准，在这之前任何的薪水或者奖励都是可以取消的。

（六）价值创造

团队成员都致力于价值创造。新时代创业者要明白，因为每个参与分蛋糕的人都会帮助将蛋糕做大，所以不需要担心人多粥少的问题。当企业能够为顾客、供应商、销售商提供更多的价值时，就说明企业已经赢得了市场的认可。

（七）公平分配

对关键员工的奖励及团队的股本分配设计应该与一段时期内团队成员的贡献、业绩和成果挂钩，尽量做到公平、公正，以避免意外情况的出现。

创业团队的管理策略

三、稳定创业伙伴的措施

（一）创业团队常见的问题

创业团队存在的问题主要从创业理念、素质能力和团队合作 3 个方面体现，具体情况见表 5-1。

表 5-1　创业团队常见的问题

问题类型	问题表现
创业理念	团队成员想法不一，各有所图；团队成员心态不够好，准备不足或信心不足
素质能力	核心领导人的德和才不足以领导整个团队；团队成员能力不足，结构不合理
团队合作	团队缺乏有效的沟通机制，缺少合理的工作程序

（二）创业团队常见问题的解决方案

1. 创业理念

在创业理念方面，创业团队经常碰到的具体问题是团队成员想法不同或心态不好，直接表现为团队班子不稳定、意见不一致等问题。在创业初期，团队成员拥有共同的目标愿景非常重要，通过共同的愿景，团队可以建立共同的事业目标，促进团队为目标而努力。但是实际上，创业团队成员往往都有自己的想法和观点，特别是当团队中具备领导特质的人有两个或两个以上时，意味着团队存在着不稳定因素。这需要创业团队的所有成员都能非常清醒地认识到自身的优势和劣势，同时，对其他成员的长处和短处也要了解清楚，从而对整个团队的现状有清楚的认识。在此基础上，团队可以避免各成员因为互相不熟悉、想法不一致而产生的矛盾、纠纷，保证团队的向心力和凝聚力。很多创业团队的成员互相之间非常熟悉、知根知底，而正是因为这份熟悉和信任，帮助他们避免了很多问题，最终获得了成功。

2. 素质能力

现代大型企业往往实行职业经理人聘用制，但是在企业开创之初，一名具备领袖气质的领导人是不可或缺的支柱，他指引着整个创业团队的方向。这个领导人不仅需要具备团队管理能力和市场运作能力，更重要的是需要在团队成员中有着巨大的、无形的影响力，有着一呼百应的气势和号召力。很多创业团队在短时间内消亡，很重要的原因在于创业团队的带头人不是一名合格的领导者。

创业团队建立时，需要考虑的重要问题就是成员之间的知识、资源、能力或者技术的互补，以便充分发挥个人的能力与优势，强化成员间的彼此合作，达到一加一大于二的效果。一般来讲，团队成员的知识、能力结构越全面合理，团队创业成功的可能性越大。

3. 团队合作

创业团队往往是一群关系相熟的人基于共同的创业理念发展而来，但是在实际运作当中，往往也会遇到团队结构不合理、沟通不畅等情况。如果没有好的制度来保证这些隐藏的问题能够进行反馈并得到解决，那么，这些问题将很有可能经过一段时间的潜伏后爆发，成为团队离心、解散的导火索。另外，团队创业很重要的一个问题就是利益分配，这需要在创业开始时，将团队中基本的责、权、利说清楚，尤其是股权、利益分配等原则问题，包括未来可能出现的增资、撤资、扩股、融资、人事安排及解散等事宜。这样企业在经过发展壮大后，才不会因为利益纠纷而产生团队矛盾，从而导致团队的解散。

延伸阅读

大学生投身硬科技创业

大学期间，"双创"热潮正如火如荼，不甘于循规蹈矩的刘靖康也萌发了创业念头，组建创业团队做了一款名为"名校直播"的视频产品。但他们发现直播视频清晰度不高，用户观感不佳。恰逢此时，一家俄罗斯公司拍摄的360°全景视频引爆网络。刘靖康团队备受启发，决定做一款可以让人一键拍摄全景视频的相机。带着年轻人的冲劲儿，刘靖康带领团队转型，将触角伸向硬件领域。

2015年，大学毕业一年后，刘靖康带着原来的团队创办影石创新，专注于VR及全景相机领域。当时国内还没有公司专门研发全景相机，整个行业的产品和技术基本处于空白状态。为此，团队将公司从南京搬到供应链更完善的深圳，租下位于宝安区龙光世纪大厦B座的一间办公室，作为深圳创业的起点。起步阶段，影石创新整个团队每天几乎只睡3个小时，刘靖康和团队成员甚至常常亲自去工厂拧螺丝，打磨设备。刘靖康常常跟团队讲："这个东西做不出来公司就要倒闭。"历时一年，影石创新终于在 2015 年年底正式推出了 Insta360 首款企业级 VR 全景相机 4Kbeta。此前，全景拍摄一般是将多张相片拼接成长条形照片，基本是 2D 成像。而影石创新利用全景立体拼接算法，将多镜头拍摄的鱼眼视频精准计算合成为 3D 立体全景影像，增强了用户的体验感和沉浸感。

所以，该相机一经推出便引起行业轰动。2016 年，影石创新这款 VR 全景相机 4Kbeta 应用于两会报道，360°无死角记录发布会现场细节，成为两会的直播神器。在 2016 年 CES 上，全球知名的光学机器制造商日本理光曾对 Insta360 的相机实时拼接技术表示了极大的兴趣，并发出了技术合作请求。不久后，刘靖康和团队带着"Insta360 全景相机"项目，参加了第二届创新创业大赛，荣获大赛亚军。同年 7 月，影石创新上线消费级全景相机 Nano，迅速席卷大众消费市场。这是一款颠覆行业的创新产品，不但可以直接插到苹果手机上进行拍摄，还可以一键分享至社交网络。

2018 年，在专业级 VR 相机 Pro 系列获得较好的市场反响后，影石创新拓展产品线，进入运动相机市场，推出了将全景拍摄和运动相机结合在一起的 ONE X 全景防抖运动相机。随后几年，影石创新基于定位清晰明确的硬件产品线和配套的软件支持体系，保持着半年到一年的更新节奏，持续不断地推出新品。

目前，影石创新产品线覆盖了消费级的全景相机、运动相机和专业级的 VR 全景相机。更为亮眼的是，影石创新几乎每一款产品都以其革命性的创意、创新获得用户高度关注。其中，形态独特的多镜头防抖运动相机 ONE R 还在 2020 年入选了《时代》年度最佳发明榜单。2020 年，影石创新一举击败日本理光和美国 GoPro 等，荣登全球全景相机市场份额排行榜第一。

项目 6　整合创业资源

知识要点

1. 了解创业资源的相关概念。
2. 了解大学生的创业资源。
3. 掌握获取创业资源的方法。
4. 掌握整合创业资源的方法。

能力目标

1. 能够初步具备整合创业资源的能力。
2. 能够有创造性地利用创业资源。

思政目标

1. 在我们身边有各种各样的资源，学会把身边的资源充分利用起来，这样很多问题就会轻易解决。
2. 通过对获取创业资源的多种途径的了解，学会通过多种途径解决问题。

案例导入

资源优化

蒙牛乳业集团创始人牛根生从伊利离职后进行创业，面临的问题主要有三个。

第一个问题，没有工厂怎么办？牛根生开始资源优化，通过人脉关系找到哈尔滨的一家乳制品公司。这家公司的设备都是新的，但是生产的乳制品存在质量问题，同时营销渠道这一块没有打通，所以产品一直滞销。牛根生找到这家公司的老板，说："你来帮我们生产，我们这边帮忙技术把关，牛奶的销售、铺货我们也承包了。"这位老板一听，马上答应下来。而且和他一起出来创业的几个伙伴也有落脚的地方，解决了生存的问题。

第二个问题，没有品牌怎么办？在乳制品这个行业没有品牌很难销售，因为品牌代表着安全、可靠。因此，蒙牛借势整合，打出口号："蒙牛甘居第二，向老大哥伊利学习"，这个口号一出，一个不知名的品牌马上挤进全国前列。

第三个问题，没有奶源怎么解决？蒙牛整合了三方面的资源，第一个是奶农，第二个是农村信用合作社，第三个是奶站的资源。信用社借钱给奶农，蒙牛担保，而且蒙牛承诺包销路。奶牛生产出来的奶由奶站接收，蒙牛又找到奶站。蒙牛定时把信用社的钱还了，把利润又给了奶农，趁机又喊出一个口号："一年养 10 头牛，过的日子比蒙牛的老板还牛"。

从这个案例中可以知道，当前这个时代，靠一个企业独立经营、单打独斗，其力量是十分有限的，只有整合各方面的资源，才能把一个企业做大。

任务 1　挖掘创业资源

一、创业资源概述

（一）创业资源的概念

创业资源是指创业者在创立和运营企业过程中所需要的各种资产和条件，具体包括人才、资本、机会、技术、管理经验等有形和无形的资源。这些资源是创业成功的基础和关键要素，能够帮助创业者实现商业目标、创造价值。创业者需要有效地识别、获取、整合和利用这些资源，以应对市场竞争和满足客户需求。同时，创业者还需要不断优化资源配置策略，提高资源利用效率，以确保企业的可持续发展。创业资源的丰富性和有效性往往决定了创业项目的成败。综上所述，创业资源是指新创企业在创造价值的过程中所需要的特定资源的总称。

从广义上看，创业资源可界定为：能够支持创业者进行创业活动的一切东西。它既包括可见的物质资源，如厂房、机器设备、资金等，也包括不可见的无形资源，如创业战略、创业方案、知识、技术、创业团队等；既包括创业者实际拥有的资源，也包括创业者可间接获取的资源，如广泛的社会关系；既包括体现创业者个性特征的个体资源，也包括组织性、社会性的资源；既包括国内的各种资源，也包括国外提供的资源。

从狭义上看，创业资源是促使创业者启动创业活动的关键优势资源。关键优势资源是指建立企业盈利模式的业务系统所必需的和重要的资源与能力。并不是企业现有的所有资源和能力都同等珍贵，也不是企业每一种资源和能力都是企业所必需的，只有和企业定位、盈利模式、整个业务系统流程、现金流结构相契合并且能互相强化的资源与能力，才是企业真正需要的。从资源的角度看，创业者是否具备业务系统所必需的关键优势资源与能力是其能否成功创业的核心。创业者对关键优势资源与能力识别得越清晰，利用得越充分，在激烈的市场竞争中保持创业后的竞争优势也就越持久。

（二）创业资源的分类

创业资源是新创企业成长过程中必需的资源，按照资源对企业成长的作用可以将其分为两大类。对于直接参与企业日常生产、经营活动的资源，称之为要素资源；未直接参与企业日常生产，但其存在可以极大提高企业运营的有效性资源，则称为环境资源。创业资源的分类如表 6-1 所示。

识别创业资源

表 6-1　创业资源的分类

资源分类		资　源　内　容
要素资源	场地资源	场地内部完善的基础设施、便捷的计算机通信系统、良好的物业管理和商务中心，以及周边方便的交通和生活配套设施等
	资金资源	及时的银行贷款和风险投资、各种政策性低息或无偿的扶持基金，以及写字楼或者孵化器所提供的便宜租金等
	人脉资源	创业开始前能帮助创业者选择项目的人员、创业初期能帮助创业者融资的人员、产品销售期能帮助创业者开拓销路及关系网的人员，以及在创业过程中遇到困难能为创业者提供担保的人员等
	人才资源	技术人才和管理人才的引进、高水平专家顾问队伍的建设、合格员工的聘用等
	管理资源	企业诊断、市场营销策划、制度化和正规化企业管理的咨询等
	科技资源	对口研究所和高校科研力量的帮助、与企业产品相关的科技成果，以及进行产品开发时所需要用到的专业化科技试验平台等
环境资源	政策资源	国家鼓励大学生创业出台的各项政策，以及地方各级政府出台的相应扶持政策等
	信息资源	及时的展览会宣传和推介信息、丰富的中介合作信息，以及良好的采购和销售渠道信息等
	文化资源	企业之间相互学习和交流的文化氛围、相互合作和支持的文化氛围，以及相互追赶和超越的文化氛围等
	品牌资源	借助大学或优秀企业的品牌、借助科技园或孵化器的品牌，以及借助社会上有影响力的人士对企业的认可等

二、创业资源的作用

（一）要素资源的作用

1. 场地资源

任何企业都要有生产和经营的场所，这是企业存在的首要条件之一。例如，为网络工作人员提供舒适的办公环境和高速的网络通信系统,为市场人员提供便捷的商务中心和配套设施等。这些将有助于新创企业更快、更好地成长。

2. 资金资源

充足的资金将有助于加速新创企业的发展。新创企业无论是进行产品研发还是生产销售,都需要大量的资金。而且新创企业往往由于资产不足而缺乏抵押能力,很难从银行得到足够的贷款,这更使得资金资源成为企业高速发展的关键,因此,如何有效地吸收资金资源是每个创业者都极为关注的问题。

延伸阅读

常见的网贷骗局

(1) 低门槛的贷款办理。

向银行申请贷款之所以困难,是因为银行的门槛高。那么网贷就没有门槛吗?同样也是有的,只有骗子才会告诉你,说什么都没有也能办理贷款,或是只要身份证、社保证明就可以办理贷款。贷款机构并不是慈善机构,见不到还款能力证明是不会发放贷款的,所以遇到这些无条件、无门槛的贷款一定要当心。

(2) 当天就可以拿到贷款。

银行贷款申请之所以难,还有一个原因就是银行贷款审核过程长,手续繁杂,因而发放贷款就慢。那么网贷的放款速度能达到这么快吗?当天就可以拿到贷款吗?关于这个,不能太过相信。不管在哪里申请贷款都有一定的过程,面对资质优良的客户,在资料齐全的情况下,有些网贷可以一到三天放款。

(3) 不需要亲自出面,通过电话就能获得贷款。

有些人申请贷款,却接到了异地电话称可以办理贷款。实际上,贷款都有地区性的,最好是找当地贷款公司申请,并且需要本人亲自办理,没有说一通电话就能放款的。

(4) 贷款前要交费的。

不管遇到什么样的骗子,最终的目的都是让你打钱转账给他。但试想下,你连贷款的钱都没拿到,凭什么要先付费呢。凡贷款前让你交费的绝对是骗子,正规的贷款机构在贷款前是不会收取任何费用的,记住,是任何费用。

3. 人脉资源

如果一个创业者不能在最短时间内建立起最广泛的人际网络,那他的创业一定会非常艰难。即使初期他能够依靠领先技术或者自身素质(如吃苦耐劳或精打细算)获得某种程度上的成功,但是他的事业不一定能够做大。

4．人才资源

人才对于新创企业的成长和发展已经越来越重要。高素质人才的获取和开发，成为现代企业可持续发展的关键；而对于高科技企业来说，因为其更大的知识比重，人才资源则更为重要。

5．管理资源

创业者由于缺乏实践经验，对于企业管理知识往往有所欠缺，很多创业企业都失败于管理不善。这意味着拥有一套完整而高效的管理制度是新创企业的宝贵资源。当然，在企业缺乏这一资源时，专业的管理咨询策划将有助于提高新创企业的生产效率和运作效率。

6．科技资源

作为新创型企业，如果能拥有科技资源，将会赢在创业的起跑线上。因此，应积极引进寻找有商业价值的科技成果，加强和高校、科研院所的产学研合作，将有助于加快产品研制和成型的速度，缩短产品进入市场的时间，为企业的市场竞争提供有力支持。

（二）环境资源的作用

1．政策资源

从我国的创业环境来看，新创企业需要相应的扶持政策，只有在政策允许和鼓励的条件下，新创企业才能获得更多的人才、贷款和投资、具有明确产权关系的科技成果、各种服务和帮助及场地优惠等。政策资源是公共资源，尽管所有同质的高科技企业都可以享受，但新创企业更应该重视。

2．信息资源

专业机构对于信息的收集、处理和传递，可以为创业者制定研发、采购、生产和销售的决策提供指导和参考。对于新创企业来说，由于竞争十分激烈，就更加需要丰富、及时、准确的信息，以争取到更多的要素资源。这种信息如果由创业者通过市场调研分析而获得，成本可能过高，因此常常由专业机构来提供。

3．文化资源

文化资源是企业发展中重要的资源，对于新创企业来说，文化资源尤为珍贵。硅谷成功的一个很重要的原因是那里浓厚的文化氛围，如鼓励冒险、容忍失败等。对于创业企业和创业者来说，文化有着极大的精神激励作用，可以使新创企业以更强的创业动力和能力有效地组合要素资源并创造价值。

4．品牌资源

创业企业所置身的环境也具有一定的品牌效应。例如，优秀的孵化器能为高科技创业企业提供品牌保证，这可以提高政府、投资商和其他企业对在孵企业信誉度的估价，有助于提升新创企业获取资金、人才、科技、管理等资源。创业者要善于利用品牌资源，扩大新创企业和品牌之间的互动，以增强社会的影响力。

📖 **延伸阅读**

分析创业环境

梦 想 一 点 点 "开 花"

梦想是生命的灵魂，是心灵的灯塔，是引导人走向未来的信仰。这是陈熠舟最喜欢的一句话。这位95后创业者，从大二开始组建创业团队，也亲眼见证了梦想一点点"开花"。

陈熠舟的梦想起航于一段名为"七十三封信"的视频。这段视频讲述了留守儿童葵花写给外出父母的七十三封信的故事，故事里孩子无助的呼唤深深刺痛了她的心。由此，她开始投身教育公益活动。其间，她常常思考一个问题：如何既能节省时间又能给孩子更多陪伴？渐渐地，一个在线教育创业的想法在她脑海中萌生了。

陈熠舟创业的初衷是研发智慧教育平台，让更多的孩子享受到优质教育资源，这一想法也得到了学校老师的认可。从带头组建创业团队，到参与研发和引进平台技术，再到创业梦想落地，一步步走来，每一次遇到瓶颈时，她都告诉自己：再坚持一下，说不定就有希望。

2016年2月，在学校的支持下她注册并成立了学校首个教育创业公司，注册资金100万元，凭借3项自主研发的智慧教育双师技术国家专利，开始了教育创业。截至2017年5月，她已拥有两家教育创业公司，平台拥有2000多个学生用户，她也晋级2016年国际青年科技创业大赛全球总决赛，浙江省挑战杯创业计划竞赛银奖。与此同时，她还在校内建立了在线勤工助学基地，为学校的贫困学子提供勤工助学岗位。

陈熠舟认为，教育公益不是简单的物质资助，而是通过教育与精神的双重陪伴，用一个灵魂唤醒另一个灵魂，让更多的孩子拥有更好的未来。她在原先专利平台基础上，又主持研发了"智慧云"公益平台。

2017年，她加入中国青少年儿童发展基金会专项行动，和社会公益团队合作搭建中国乡村儿童联合公益平台。此次公益行动已募集善款500余万元，致力于解决偏远山区孩子上学问题，通过在线授课形式，为路途遥远的中小学生提供可移动、智能化的教室。

截至2017年10月，她的团队已在贵州、新疆、湖北等5个试点地区开展项目工作，其中湖北的基地初步落成，每个教室可容纳80～100人。接下来，她的公益行动将惠及四川大凉山、云南红河在内的11所中西部小学，帮扶偏远山区儿童免于异常遥远的上学路途奔波。

"学习＋创业＋公益"，她的教育公益创业梦想一步步走进现实。她说："创业是为了我的一份梦想，公益也是源于我的初心。凝心聚力，终成江河，我们的梦虽然遥远，但是脚踏实地，终有一天会到达梦想的彼岸。"

三、影响创业资源获取的因素

（一）创业导向

创业导向是一种态度或意愿，这种态度或意愿会导致一系列创业行为。创业导向会通过促进机会的识别和开发，进而促进资源的获取。因此，创业者要注重创业导向的培育和实施，充分关注创业者特质、组织文化和组织激励等影响创业导向形成的重要因素，采取有效的方式获取资源，并在资源的动态获取、整合和利用过程中，注意区分不同资源，充分发挥知识资源的促进作用。

（二）商业创意的价值

创业的关键在于商业创意。商业创意为资源获取提供了杠杆，但获取资源还有赖于创业的价值被资源所有者认同的程度。换言之，一种能被资源所有者认同的、有价值的商业创意，才有助于降低创业者获取资源的难度。

（三）创业资源的配置方式

创业资源的配置方式是决定创业成功与否的关键因素之一，它涉及如何有效地将各种资源（如资金、人才、时间、技术等）整合并运用到创业项目中。常见的创业资源配置方式有：内部资源整合和外部资源引入两种。内部资源整合是创业初期最常见的资源配置方式，它涉及创业者对自己所拥有的资源进行评估和整合。这些资源包括创业者的技能、经验、人际关系以及财务状况等。除了内部资源，外部资源引入也是创业过程中不可或缺的一部分。这包括寻求投资人的资金支持、与合作伙伴建立战略合作关系、利用政府扶持政策等。随着市场的不断变化和竞争的加剧，传统的资源配置方式已经难以满足创业者的需求。因此，创新资源配置成为创业者必须面对的挑战。

（四）创业者的管理能力

创业者的管理能力是企业软实力的主要表现。创业者的管理能力越强，获取资源的可能性越大。创业者的管理能力可以从其沟通能力、激励能力、行政管理能力、学习能力和协调能力等多方面予以衡量。创业者通过管理能力获取必要资源的同时，还能为创业企业创造良好的发展环境。

（五）社会网络

社会网络是机构之间及人与人之间比较持久的、稳定的多种关系结合而成的网络关系。由于创业资源广泛存在于各种资源所有者手中，这些所有者又处于一定的社会网络之中，而且人们对于商业活动的认识和参与，客观上会受到自己所处网络及在网络中地位的影响，所以社会网络对于创业资源的获取具有十分重要的意义。

除上述因素外，创业者的资源辨识能力和外部社会环境等也会对创业资源的获取产生一定影响。

四、获取创业资源的途径

获取创业资源的途径分为市场途径和非市场途径两大类。创业所需要的资源有活跃的市场，或者有类似的可比资源进行交易时，可以采用市场途径；其他情况则可以采用非市场途径。

（一）通过市场途径获取创业资源

通过市场途径获取创业资源包括购买和联盟两种。

1. 购买

购买是指利用财务资源通过市场购入的方式获取外部资源，主要包括购买厂房、设备等物质资源，购买专利和技术，聘请有经验的员工，以及通过外部融资获取资金等。

2. 联盟

联盟是指通过联合其他组织，对一些难以或无法开发的资源实行共同开发。这种方式不仅可以获取显性知识资源，还可以获取隐性知识资源。但联盟的前提是联盟双方的资源和能力互补且有共同的利益，而且能够对资源的价值及使用达成共识。

（二）通过非市场途径获取创业资源

通过非市场途径获取创业资源包括资源吸引和资源积累等。

1. 资源吸引

资源吸引是指发挥无形资源的杠杆作用，利用创业企业的商业计划和创业团队的声誉，通过对创业前景的描述来获得或吸引物质资源、技术资源、人力资源和资金等。

2. 资源积累

资源积累是指利用现有资源在企业内部通过培育形成所需的资源，主要包括自建企业的厂房、设备，在企业内部开发新技术，通过培训增加员工的技能和知识，通过企业的自我积累获取资金等。

五、获取创业资源的技巧

获取创业资源

（一）充分重视人力资源的获取

人力资源在创业资源中的决定性作用要求创业者必须充分重视人力资源的获取。创业

者一方面应努力增强自身能力的培养，另一方面应充分重视创业团队的建设。一支知己知彼、才华各异、能力互补、目标一致和彼此信任的团队是创业资源中最为重要的，也是创业成功必不可少的保证。

（二）以能用和够用为原则

不是所有的资源都是企业的资源，创业者在获取资源时应坚持能用的原则。只有满足自己需求、自己可以支配并使其充分发挥作用的资源，才是需要获取的资源。

另外，资源的使用是有代价的，因此，在获取创业资源时应该本着够用这一原则，而不是多多益善。一方面，资源的有限性使创业者难以筹集更多的资源；另一方面，当使用资源的收益不能弥补其成本时，资源的使用并不能给企业带来效益。

（三）尽可能获取多用途资源和杠杆资源

资源自身的特性决定了其用途的不同，有的资源在不同场合可能具有不同的用途，获取具有多用途的资源可以帮助创业者应对创业过程中出现的意外。具有独特创造性的知识是现代社会的高杠杆资源，对于杠杆资源的合理利用有助于创业者取得一定的杠杆收益，达到事半功倍的效果。

任务 2　优化创业资源

一、资源优化的意义

任何一个创业者不可能在创业之初就把创业中所涉及的问题都解决好，也不可能把一切创业资源都备足，关键在于要学会进行资源优化。因此，资源优化不仅是创业计划中的一个重要原则，也是创业中借势发展、巧用资源、优势互补、实现双赢的重要方法。

资源优化对创业者具有重要意义，具体而言，主要有以下几点。

（一）有利于发现市场机会

资源优化的过程，实际上是一个创业者自我审视、自我评价的过程，也是一个对整个行业发展进行深入分析和研究的过程。通过资源优化，创业者能够发现企业自身的优势和劣势，清楚哪些事情是可以做并且能够做的，哪些市场是市场空白点，企业在哪些领域是具有较强的市场竞争力的，这样，就可以帮助企业发挥资源优势，在市场上获取竞争优势，同时也有利于创业者进行科学的规划和决策。

（二）提高企业核心竞争力

市场竞争优势常常属于那些善于进行资源优化的企业，而不是那些拥有大量资源的企业，也不是那些投入巨资开发新资源的企业。企业对资源的整合能力使得企业高层管理人员能够基于对未来发展趋势的正确预测判断而有效地识别与选择、汲取与配置、激活与融合企业内外部资源、新旧资源、个体与组织资源、横向与纵向资源。这种持续不断的资源优化能力，可以使企业提升其竞争优势。

（三）促进企业可持续发展

创业之初，创业所需的各项资源往往只能依靠创业者通过自身努力获取。由于新创企业的高度成长性，在其迅速成长扩张的过程中，组织规模很快就发展到一定规模之上，创业者很快发现，通过自身努力获取的资源远远不能支持企业的发展，为了使企业能够继续发展，创业资源（也就是外部环境给予企业的资源）是相当必要的。相应的政策扶持、对信息资源的把握、有效吸收资金资源的方法、高素质人才的获取和开发、高效的管理制度，以及引进有商业价值的科技成果推出新品，都是重要的需要整合的资源。

（四）有利于进一步加强企业管理

在创业企业发展过程中，对各种资源进行有效的整合利用，是其发展的一大重要因素。如果没有好好地进行资源优化利用，企业本身拥有的和从外部获得的各种资源就是一种浪费。如果这些资源发挥不了作用，不但不能为企业带来促进作用，相反还可能影响企业的形象。企业要学会对外部资源进行整合利用，使其发挥最大作用，提高企业竞争力；对内部资源进行合理的整合利用，使内部运作合理化，没有资源闲置，从而推进企业发展。现今企业之间的竞争，就是看谁能用企业拥有的资源和可运用的资源为企业带来最大的利益，资源优化能力的较量已成为企业之间一个新的竞争角度。

二、创业资源优化的类型

（一）人脉资源优化

在创业中，如何整合好你的人脉资源并借力发力，是创业能否取得成功的关键因素。
在创业实践中，人脉资源优化的途径主要有：① 参与社团活动，扩张人脉链条；② 参加培训，搭建人脉平台；③ 了解人脉，满足需求。同时要不断积累自己的人脉资源，并维护好人脉资源，随着创业的进一步深入，人脉资源的整合力度将越来越大，这将为企业的发展提供强大的支持。

（二）信息资源优化

在信息爆炸时代，如何整合信息成为创业者的一大挑战。整合好信息资源，不仅有利于创业者发现市场机会，也有利于其进行科学的决策。
要加强信息资源优化，首先，要努力了解、分析包括竞争对手、政府、行业、合作伙伴、客户等在内的周边环境的变化信息；其次，要认真研究这些信息，分析哪些信息是有价值和有意义的，特别要关注哪些信息组合在一起将会有什么样的结果；最后，要建立一整套的信息管理系统，在创业实践中不断去完善。

（三）技术资源优化

对于许多新创企业来说，最关键的创业核心竞争力是技术。技术在很大程度上决定了所需创业资本的大小、创业产品的市场竞争力和获利能力。技术资源的主要来源是人才资源，重视技术资源的整合也就是注重人才资源的整合。

（四）行业资源优化

创业的一个主要成功类型就是做自己熟悉的行业，熟悉本行业企业运营，熟悉竞争对手。作为创业者，要了解和掌握某个行业的各种关系网，如业内竞争对手、供货商、经销商、客户、行业管理部门等。如果对某个行业不太了解，或者根本就不了解，只是觉得可以赚钱就盲目跟进，那么很有可能半途而废。行业好并不一定就代表着每个进入该行业的创业者都会成功。

（五）政府资源优化

掌握并充分整合创业行业的政府资源，努力享受政府的扶持政策，可以使创业少走许多弯路，达到事半功倍之效。

政府的各种创业扶持政策主要包括财政扶持政策、融资政策、税收政策、科技政策、产业政策、中介服务政策、创业扶持政策、经济技术合作与交流政策、政府采购政策、人才政策等。

延伸阅读

小米公司的资源优化

小米公司是一家专注于智能硬件和电子产品研发的全球化移动互联网企业。小米在创业初期面临着品牌知名度低和销售渠道有限的问题。然而，通过一系列创新的资源优化策略，小米在短时间内迅速崛起，成为全球知名的科技企业。

1. 人力资源优化

（1）核心团队构建：小米在创业初期就聚集了一批来自谷歌、微软、金山等顶尖科技公司的工程师和设计师，形成了一个高效且富有创新能力的核心团队。这些人才不仅为小米带来了先进的技术和管理经验，还通过口碑传播吸引了更多优秀人才的加入。

（2）粉丝经济：小米通过社交媒体和互联网论坛与消费者建立紧密联系，培养了一大批忠诚的粉丝。这些粉丝不仅成为小米产品的第一批用户，还通过口碑传播帮助小米迅速扩大品牌影响力。

2. 技术资源优化

（1）开源生态系统：小米采用了开放生态系统的策略，与供应商、开发者和用户建立合作关系，共同建设生态链。小米不仅整合了产品、营销、客户服务等资源，还通过开源技术吸引了大量开发者参与产品的开发和优化，从而实现了技术资源的快速迭代和升级。

（2）互联网思维：小米将互联网思维应用于产品研发和销售中，通过线上平台直接面向消费者销售产品，减少了中间环节，降低了成本，提高了效率。同时，小米还通过大数据分析消费者需求和行为，不断优化产品设计和用户体验。

3. 市场资源优化

（1）精准定位：小米在创业初期就明确了自己的目标用户群体——追求性价比的年轻消费者。小米通过精准定位，将产品设计和营销策略聚焦于这一用户群体，从而实现了市场的快速突破。

（2）口碑营销：小米通过社交媒体和互联网论坛与消费者建立紧密联系，鼓励消费者分享使用体验和反馈。这种口碑营销方式不仅降低了营销成本，还提高了品牌的知名度和美誉度。

4. 财务资源优化

（1）精益创业：小米在创业初期采用了精益创业模式，通过快速迭代和持续优化产品，降低了研发成本和市场风险。同时，小米还通过预售和众筹等方式筹集资金，实现了财务资源的有效利用。

（2）多元化融资：小米在发展过程中积极寻求多元化融资方式，包括风险投资、私募股权融资、银行贷款等。这些融资方式为小米提供了充足的资金支持，帮助其实现了快速扩张和发展。

通过一系列创新的资源优化策略，小米在短时间内迅速崛起，成为全球知名的科技企业。小米不仅在手机市场取得了巨大成功，还通过生态系统战略拓展到了智能家居、可穿戴设备等多个领域。小米的成功不仅为创业者提供了宝贵的经验和启示，也为整个科技行业带来了新的发展思路。

小米公司的崛起充分展示了创业资源优化的重要性，通过人力资源优化、技术资源优化、市场资源优化和财务资源优化等多种方式，实现了资源的有效整合和利用，从而实现了快速崛起和持续发展。创业者可以从小米的成功经验中汲取灵感，结合自身实际情况，探索适合自己的资源优化策略，以推动创业事业的发展。

三、创业资源优化的过程

创业资源的优化过程可以分为 4 个子过程，即资源扫描、资源控制、资源利用和资源拓展。这 4 个子过程在时间上并不是完全分离的，而是相互影响、相互衔接的。

（一）资源扫描

创业者要知道自己的资源禀赋及企业拥有的最初资源，将已拥有的资源识别出来，包括己方所有有价值的有形资产和无形资产，如人才、技术、设备、品牌等，找到自己的资源优势和不足，认清战略性资源和一般性资源，确认资源的数量、质量、使用时间及使用顺序。扫描自身资源的同时，也要对外部的资源进行扫描，及时发现新创企业所需资源，所缺资源如何获得，以及谁拥有这些重要的资源，对资源拥有者的利益需求进行深度分析，并与自己所拥有的资源进行比较，找到利益的契合点。

（二）资源控制

资源控制的范围包括创业者自身拥有的资源、通过交易等获取的资源，以及通过社会网络等形式可以控制的资源。创业者自身拥有的资源（如教育、经验、声誉、行业知识、资金和社会网络等）在许多情况下存在于社会团队中。在特定的行业，创业团队中成员的社会网络资源和技术对于企业的成功至关重要。在获取资源的过程中，要判断这种资源的获取对实现企业的目标是否关键，并且创造性地设计出双赢的合作方案，形成长期互利的关系。

（三）资源利用

企业资源在未整合之前大多是零碎的、低效的，要发挥这些资源的最大使用价值，使其产生最佳效益，就必须运用科学的方法对各种类型的资源进行细化、配置和激活，将有价值的资源有机地融合起来，使它们相互匹配、互为补充、互相增强。资源在整合并转化为企业内部的独特优势之后，创业者需要协调各种资源之间的关系，匹配有用的资源，剥离无用的资源，通过协调，使得资源之间的联系更加紧密，更加具有匹配性，形成"1＋1＞2"的局面，并为下一步拓展奠定基础。

（四）资源拓展

对资源的拓展创造过程是指将以前没有建立联系的资源建立联系，将新获取的资源与已有的资源进行融合，进一步开发潜在的资源为企业所用，又称为再开发。即开拓资源的范围和功能，为下一步识别、获取、配置和利用资源奠定坚实的基础，这也是企业持续竞争优势的根本来源。拓展过程为创业带来新的能力，从而使其能够充分地发现和掌握创业机会。

延伸阅读

高校茶艺社走出的卓越创业青年

创业资源整合

小杰是一位来自某职业学院的阳光睿智的大男孩，在校期间因为个人兴趣加入了茶舞敬歌茶道艺传习社，在学习茶艺提升个人素养的同时渐渐萌生了为传统茶叶销售行业做出一点改变的想法。凭着几年来在茶艺社学习所积累的点点滴滴及年轻人勇于创新和不断拼搏的精神，小杰积极组建创业团队报名参加了某市首届大学生职业生涯设计暨创新创业大赛，并一举夺得该项赛事的金奖。毕业后，小杰作为联合创始人与朋友共同注册创办了公司。通过线下活动增加客户黏性，专注于高端特色传统茶叶及其衍生品销售，实现了突破行业内传统茶叶同质化价格竞争的目标，走出了一条符合市场需求的茶叶销售新模式。该公司在学院创业孵化基地的大力扶持下，通过产品包装系列设计、合作资源优化和品牌设计推广等方式实现了跨越式发展，建立了 3 家分店。

目前，该公司已经与我国台湾梅山茶叶有限公司、普洱茶王等机构建立了长期合作关系并注册了自有品牌，产品覆盖绿茶、红茶、白茶、花茶等茶叶，以及茶具、茶服等系列，实现了年销售额超过 200 万元的目标。

项目7 商业模式的设计与创新

知识要点

1. 了解商业模式的含义、构成要素和成功商业模式的特征。
2. 掌握设计商业模式的方法。
3. 掌握创新商业模式的方法。

能力目标

1. 能够灵活运用商业模式。
2. 能够使用商业模式设计工具。

思政目标

1. 模式是某种事物的标准样式或让人可以仿效学习的标准样式，运用正确的模式可以达到事半功倍的效果，因此在做事时要善于运用模式。

2. 模式在实际运用中必须结合具体情况，根据实际情况的变化随时调整，做好普遍性与特殊性的衔接，是确保模式能够有效发挥作用的关键。同样，我们在学习、运用其他知识的过程中，也要将其与具体情况结合。

案例导入

成功的商业模式

携程旅行网（以下简称携程）是一家在线旅行服务公司。携程成功整合了高科技产业与传统旅游行业，为5000余万注册会员提供包括酒店预订、机票预订、度假预订、特惠商户及旅游资讯等在内的全方位旅行服务，被誉为互联网和传统旅游无缝结合的典范。

携程成立之初正处于我国旅游业发展的起步阶段，当时，市场的集中度不高，尽管边际资源丰富，但缺少将市场和资源整合在一起的理念和行动。携程创始人看准时机，并通过网络与传统资源相结合的方式，将现有资源进行整合，推出了网上酒店预订业务。携程选择了当时国内酒店预订规模最大的公司合作，规模效应很快开始显现，营业额直线上升。随着酒店预订业务的成功推出，携程又开始向行业的另一端——机票预订进军。由于携程拥有庞大、先进的呼叫中心和巨大的消费者群体，因此许多酒店、航空公司愿意将一部分市场外包给携程进行代理。

作为一个独特的资源整合者，携程的主营业务是"酒店＋机票"预订，因此，其主要供应商是各大酒店和航空公司。而网站并不是客房和机票的提供者，它只是将相关信息汇总，并传递给需要这些信息的消费者。整个交易过程中携程只是充当一个中间者的角色，把供应商和消费者连接起来。

从携程的发展可以看出其成功的关键在于与众不同的商业模式。

任务 1　认识商业模式

一、商业模式的含义

企业与企业之间、企业的部门之间，乃至企业与顾客之间、企业与渠道之间，都存在各种各样的交易关系和联结方式，这种方式称为商业模式。商业模式即创业者的商业创意，商业创意来自机会的丰富和逻辑化，并有可能最终演变为商业模式。如果有一个好的商业模式，那么成功就有了一半的保证。商业模式就是企业通过什么途径或方式来盈利。简言之，饮料公司通过卖饮料来盈利，快递公司通过送快递来盈利，网络公司通过点击率来盈利，通信公司通过收话费来盈利，超市通过平台和仓储来盈利，等等。只要有盈利的地方，就有商业模式的存在。

所以，商业模式就是创业者为满足消费者价值最大化的需求系统，这个系统组织管理企业的各种资源(资金、原材料、人力资源、作业方式、销售方式、信息品牌和知识产权、企业所处的环境、创新力，又称输入变量)，形成能够提供消费者无法自足而必须购买的产品和服务(输出变量)，是一个完整高效的具有独特核心竞争力的运行系统。

二、商业模式的构成要素

商学教授与作家加里·哈默尔认为，商业模式由四个要素构成，即核心战略、战略资源、伙伴网络和顾客界面。

(一) 核心战略

核心战略从企业的使命、产品/市场范围、差异化基础等方面描述了企业如何与竞争对手进行竞争。企业的使命描述了企业为什么存在，以及其商业模式与实现的目标。例如，华为的愿景与使命是把每个人、每个家庭、每个组织带入数字世界，构建万物互联的智能世界。通过企业使命陈述，可以很容易看出这些企业的意图。在不同程度上，使命表达了企业优先考虑的事项，并设置了衡量企业绩效的标准。

企业的产品/市场范围定义了企业集中关注的产品和市场。首先产品的选择对企业商业模式的选择有重要影响。例如，当当网起初是作为网络书店而创建的，不过随着逐渐开始销售文具、家用电器、珠宝饰品、服装等其他产品，它的商业模式现在已经拓宽，涉及对出版商之外的其他很多供应商和伙伴关系的管理。企业从事经营活动的市场也是其核心战略的重要因素。

企业选择的战略会对它的商业模式产生很大影响。成本领先战略要求商业模式专注于效率、成本最小化和大批量。由于专注于低成本而非舒适性，成本领先的企业不会追求产品的新颖。相反，差异化战略要求商业模式集中于开发独特的产品和服务，索要更高的价格；而且，采用差异化战略的企业把大量精力和财力用于创造品牌忠诚度（即顾客对某个品牌产品的忠诚）上。

（二）战略资源

如果缺乏资源，企业难以实施其战略，企业拥有的资源会影响其商业模式的持续性。企业的核心竞争力和战略资产是两种重要的战略资源。

核心竞争力是一种资源或者能力，也是企业胜过竞争对手的竞争优势的来源。它是超越产品或市场的独特技术或能力，对顾客的可感知利益有巨大的贡献，并且难以模仿。企业的核心竞争力在短期和长期内都很重要。在短期内，正是核心竞争力使得企业能够将自己差异化，并创造独特价值。从长期看，通过核心竞争力获得成长，以及在互补性市场上建立优势地位也很重要。例如，戴尔公司已经建立了装配和销售个人计算机方面的核心竞争力，并开始将它们移向计算机服务和其他电子设备市场。

战略资产是企业拥有的稀缺、有价值的事物，包括工厂和设备、位置、品牌、专利、顾客数据信息、高素质员工和独特的合作关系等。一项特别有价值的战略资产是企业的品牌。企业最终会将自己的核心竞争力和战略资产综合起来以创造可持续竞争优势。

（三）伙伴网络

企业的伙伴网络是商业模式的第三个构成要素。新创企业往往不具备执行所有任务所需的资源，因此需要依赖其他合作伙伴以发挥重要作用。在很多时候，企业并不愿独自做所有事情，因为完整地完成一项产品或交付一种服务会分散企业的核心优势。

1. 供应商

供应商是向其他企业提供零部件或服务的企业。几乎所有的企业都有供应商，它们在企业商业模式的运作中起重要作用。

传统上，企业与供应商维持着一定距离的关系，并把它们看作竞争对手。需要某种零部件的生产企业往往与多个供应商联系，以寻求最优价格。如今，企业更多地将精力放在如何推动供应商高效率运作的层面。

2. 其他合作者

除了供应商，企业还需要其他合作伙伴来使商业模式有效运作。合资企业、合作网络、社会团体、战略联盟和行业协会是一些常见的合作关系形式。合作关系给企业带来更多的创新产品、更多的有益机会和高成长率。

创业者创建具有可持续竞争优势的新企业的能力，依赖于企业自身技能，也依赖于外部合作伙伴的技能。例如，合作伙伴关系有助于企业保持敏捷，集中精力发展核心竞争力。

当然，合作伙伴关系也包含着风险，在仅有的合作关系成为企业商业模式的关键要素时更是如此。由于种种原因，很多合作关系没能实现参与者初期的愿望。企业联盟也有一些潜在劣势，如专有信息丢失、管理复杂化、财务和组织风险、依赖伙伴的风险及决策自主权的部分丧失等。

（四）顾客界面

顾客界面是指企业如何与顾客相互作用。与顾客相互作用的类型依赖于企业选择如何在市场上竞争。例如，当当网只通过互联网销售书籍，而新华书店则通过传统书店和网络两种途径来售书。对新创企业来说，顾客界面的选择对于它如何与对手竞争及将它定位于产品或服务价值链的哪个环节非常重要。下面分别从目标市场、销售实现与支持、定价结构三个方面来表述顾客界面的内容。

1. 目标市场

目标市场是企业在某个时点追求或尽力吸引的有限的个人或企业群体。企业选择的目标市场影响它所做的每件事情，如获得战略资产、培育合作关系及开展推广活动等。拥有清晰界定的目标市场将使企业受益。由于目标客户的明确界定，公司能够将自己的营销和推广活动聚焦于目标顾客，并且能够发展与特定市场匹配的核心竞争力。

2. 销售实现与支持

销售实现与支持描述了企业产品或服务"进入市场"的方式，或如何送达顾客的方法。它也指企业利用的渠道和它提供的顾客支持水平。所有这些都影响到企业商业模式的形式与特征。

假定有一家新创企业开发出一项移动电话技术，并为此申请了专利。为了形成自己的商业计划，企业在如何把该技术推向市场的问题上有几种选择。它可以：① 将技术以特许经营方式转让给现有移动电话企业；② 自己生产移动电话，并建立自己的销售渠道；③ 与某个移动电话公司合作生产，并通过与移动电话服务提供商的合作关系来销售电话。

企业对销售实现与支持的选择，深刻地影响企业演化的类型及开发的商业模式。例如，如果企业对它的技术进行特许经营，那么它很可能建立起一种强调研发的商业模式，从而使它不断获得领先的技术。

企业愿意提供的服务内容也影响它的商业模式。有些企业将自己的产品和服务差异化，通过高水平的服务和支持向顾客提供附加价值。例如，送货和安装、财务安排、顾客培训、担保和维修、便利的经营时间、方便的停车场，以及通过免费电话和网站提供信息等。

3. 定价结构

企业的定价结构随企业目标市场与定价原则的不同而变化。例如，有些租车企业收取日租金，另一些企业则按照行驶的公里数收取租金。有的咨询企业按照提供服务的次数收费，而另一些企业则按照时间收费。在某些情况下，企业还必须决定是直接向顾客收费，还是通过第三方间接收费。

总之，新创企业从整体角度审视自己，理解商业模式的重要作用，根据自身核心战略及资源优势构建适合的、有效的商业模式。

延伸阅读

××的战略与商业模式

××技术有限公司，作为全球领先的信息与通信技术（ICT）解决方案供应商，自 1987 年成立以来，凭借其创新的技术、卓越的产品和强大的全球市场布局，赢得了国内外广泛的认可与赞誉。××不仅在通信设备、智能手机、云计算等领域取得了显著成就，还积极投入研发，推动了 5G、人工智能等前沿技术的发展。

一、原始战略与商业模式

××的早期战略聚焦于成为通信设备领域的领先者，通过自主研发和技术创新，打破了国际巨头的垄断，逐步建立起全球销售和服务网络。其商业模式以"以客户为中心"为核心，提供端到端的解决方案，涵盖咨询、设计、实施、运维等全生命周期服务，强调深度定制化服务，满足不同行业和客户的特定需求。

二、面临的挑战与转型

（1）国际市场竞争：随着全球化进程的加速，××面临来自全球竞争对手的激烈竞争，特别是在欧美市场遭遇政治和安全方面的挑战。

（2）技术迭代加速：5G、物联网、人工智能等技术的快速发展，要求××持续加大研发投入，保持技术领先。

（3）消费者市场变化：智能手机市场竞争激烈，消费者对产品体验、品牌价值和隐私保护的需求日益提升。

三、战略与商业模式的调整

（1）全球化战略深化：尽管面临国际挑战，××继续深化全球化布局，加强本地化运营，同时在"一带一路"国家寻找新的增长点。

（2）创新驱动发展：××持续加大研发投入，建立全球研发中心，推动 5G、AI 等前沿技术的商业化应用，同时加强与高校、研究机构的合作，构建开放创新生态。

（3）消费者品牌升级：针对消费者市场，××注重提升品牌形象，通过高端产品线（如 Mate 系列、P 系列）和鸿蒙操作系统，强化用户体验和品牌忠诚度。同时，加强隐私保护和网络安全，增强消费者信任。

（4）数字化转型与服务：××依托自身技术优势，推出数字化转型解决方案，帮助企业客户实现智能化升级，同时加强云服务能力，提供一站式 ICT 服务。

四、实施效果与启示

（1）实施效果：通过一系列战略与商业模式的调整，××不仅巩固了在通信设备领域的领先地位，还在智能手机、云计算等新兴市场取得了显著成绩。其坚持自主创新、全球化布局、以客户为中心的战略理念，以及面对挑战时的灵活应对，为其他中国企业提供了宝贵的经验。

（2）启示：此案例表明，面对复杂多变的国际市场环境和快速迭代的技术趋势，企业应坚持创新驱动，深化全球化战略，同时注重消费者体验和品牌价值的提升，以灵活多变的商业模式应对市场挑战，实现可持续发展。

三、商业模式的特征

长期从事商业模式研究和咨询的人士认为，成功的商业模式具有以下三个特征。

（1）成功的商业模式要能提供独特价值。有时候这个独特的价值可能是新的思想。而更多的时候，它往往是产品和服务独特性的组合。这种组合要么可以向客户提供额外的价值，要么使得客户能用更低的价格获得同样的利益，或者用同样的价格获得更多的利益。

（2）成功的商业模式是难以模仿的。成功的商业模式是具有自己能复制且别人不能复制，或者自己在复制中占据市场优势地位的特性。企业通过确立自己的与众不同，如对客户的悉心照顾、无与伦比的实施能力等，来提高行业的进入门槛，从而保证利润来源不受侵犯。比如，小猪短租作为一种创新的共享经济商业模式，在住宿领域取得了显著的成功。该模式允许房东将自己的空闲房间或整套房屋短期出租给旅行者，从而实现了资源的有效利用和价值的最大化。小猪短租的成功并非偶然，而是基于其独特的商业模式和一系列难以复制的优势。

（3）成功的商业模式是脚踏实地的。企业要做到量入为出、收支平衡，这个看似不言而喻的道理，要想年复一年、日复一日地做到，却并不容易。现实当中的很多企业，不管是传统企业还是新兴企业，对于自己从何处获利、为什么客户看中自己企业的产品和服务，乃至有多少客户实际上不能为企业带来利润，反而在侵蚀企业的收入等关键问题，都不甚了解。

延伸阅读

一次失败的创业经验

肖玉毕业后没有从事与所学专业相关的工作，而是决定自己创业。刚开始他想了很多项目，如开网店、开餐饮店、开培训机构等。最后，他将目标锁定在了连锁加盟上。肖玉听说某干果连锁店在附近的生意还不错，就打电话给加盟商询问具体情况，然后马上筹集资金开始了自己的加盟创业之路。然而，店铺开业一段时间后肖玉发现，每天的生意并不好，每天来店里的顾客也比较少。肖玉以为这是由于店铺刚开业，宣传的力度还不够。但经过大力宣传以后，生意依然不见起色，肖玉又安慰自己说这是创业初期的正常情况，没有进一步深思和做出任何改变。几个月后，店里的库存积压严重，销量任务也没有完成，创业资金所剩无几，肖玉才意识到创业的失败。

案例中的肖玉选择了一种比较便捷的方式来进行创业，即希望借用别人的商业模式创业。这种方法虽然也是可取的，但是在创业的过程中，他没有根据自己的实际情况进行分析，也没有做出及时调整和必要的创新，这才是导致他创业失败的主要原因。

任务 2　设计商业模式

一、商业模式的设计思路

商业模式的设计是创业机会开发环节的一个不断试错、修正反复的过程。创业者在进行商业模式设计时，必须分析自身的条件和外部的宏观环境以选择合适的模式。

(一)具体分析产业环境

企业所处的产业环境是影响商业模式的关键因素。当产业处于不同的发展阶段时，企业行为、产业结构及市场绩效都会不同，而政府在各个时期的宏观政策也会有所侧重和不同，这些宏观环境都是企业进行商业模式选择时需首要考虑的内容。

(二)充分评估企业能力

企业的内部条件是商业模式设计的重要因素，因为任何商业模式的变革都是在企业的核心战略指导下进行的，并以核心资源及内部流程重组为基础的。因此，企业的现状及内部流程等因素也是企业进行商业模式设计时不容忽视的因素。

二、商业模式设计的原则

（一）客户价值最大化原则

一个商业模式能否持续盈利与该模式能否使客户价值最大化有着必然的联系。一个不能满足客户价值最大化的商业模式，即使盈利，也一定是暂时的、偶然的，是不具有持续性的。相反地，一个能使客户价值最大化的商业模式，即使暂时不盈利，终究也会走向盈利。因此，我们把对客户价值的实现与再实现、满足与再满足当作创业团队应该始终追求的最终目标。

（二）持续盈利原则

创业团队能否持续盈利是我们判断其商业模式是否成功的唯一外在标准。因此，在设计商业模式时，盈利和如何盈利也就自然成为重要的原则。持续盈利是指既要盈利，又要有发展后劲，并具有可持续性，而不是一时的盈利。

（三）资源整合原则

资源整合就是要优化资源配置，就是要有进有退，获得整体层面的最优选择。在战略思维的层面上，资源整合是系统化的思维方式，是通过组织协调，把创业团队内部相关性不足的职能和有共同目标但拥有自身利益的合作伙伴，整合成一个为客户服务的系统。在战术选择上，资源整合是优化配置的决策，是根据创业团队的发展战略和市场需求，对相关资源进行重新配置，来凸显创业团队的核心竞争力，寻求资源配置与客户需求的最佳结合点，目的是通过组织安排和管理运作协调来增强创业团队的竞争优势。

（四）创新原则

成功的商业模式不一定是技术上的突破，商业模式的创新形式贯穿于创业团队经营的整个过程之中，贯穿于创业团队的资源开发研发模式、制造方式、营销体系、市场流通等各个环节之中，也就是说，在创业团队经营的每一个环节上的创新都可能变成一种成功的商业模式。

（五）组织管理高效率原则

高效率是每个创业团队管理者追求的目标。用经济学衡量，决定创业团队是否有盈利能力的要素是效率。根据现代管理学理论，一个创业团队要想高效率地运行，首先要解决的是创业团队的愿景、使命和核心价值观问题，这是创业团队生存、成长的动力，也是创业团队成员保持高绩效的理由。其次是要有一套科学实用的运营和管理系统，解决系统协同、计划、组织和约束问题。最后还要有科学的奖励和激励机制，解决如何让创业团队成员分享创业团队成长果实这一问题，也就是向心力的问题。只有将这三个主要问题解决好了，创业团队的管理才能实现高效率。

（六）风险管控原则

当创业团队面临市场开放、法规解禁、产品创新时，风险变化波动程度提高，连带增加了经营的风险性。良好的风险管理有助于降低决策错误的概率，提高避免损失的可能，相对提高创业团队本身的附加价值。风险既指创业团队组织外的风险，如政策、法律和行业风险，也指创业团队组织内的风险，如产品的亦化人员的亦事资金的断流等。

（七）融资有效性原则

融资模式的打造对创业团队有着特殊的意义，尤其是对中小创业团队来说更是如此。创业团队的生存、发展、快速成长都需要资金。资金已经成为所有创业团队发展中绕不开的障碍和难以突破的瓶颈。谁率先解决了资金问题，谁就赢得了创业团队发展的先机，也就掌握了市场的主动权。

三、商业模式设计的工具——商业模式画布

商业模式画布是一种关于企业商业模式的构想，能让全员看到同一幅画面，憧憬同一个愿景，直观、简单、可操作。在创业项目中，商业模式画布起到了健全商业模式、将商业模式可视化及寻找已有商业模式漏洞的作用，可减少决策失误带来的损失。商业模式画布常被用于设立创业项目或打造与众不同的商业模式。

商业模式画布是会议和头脑风暴的工具，它通常由一面大黑板或一面墙来呈现。商业模式画布图总共分为 9 个模块，它们的顺序依次为客户细分、客户关系、渠道通路、价值主张、关键业务、核心资源、重要合作、成本结构、收入来源等，如图 7-1 所示。

图 7-1　商业模式画布

（一）客户细分

客户细分指的是企业最想或最可能服务或接触的群体或组织。客户细分时必须搞清楚两个方面的内容：一是正在或准备为谁创造价值或提供服务；二是这些群体中谁是最重要的客户。客户细分的主要依据是需要提供不同的产品或服务，客户群体需要通过不同的分销渠道来获得产品或服务。

选择目标市场

（二）客户关系

客户关系指的是企业与特定客户细分群体建立的关系类型。建立良好的客户关系需思考四个问题：每个客户细分群体希望与之建立和保持何种关系？哪些关系已经建立？这些关系成本如何？如何将他们与商业模式的其他部门进行整合？

整体产品

常见客户关系的类型包括简单的买卖型、战略合作型、线上线下互动型、社区型、合资（合伙）型。例如，大数据驱动的智能全渠道、全触点营销模式以消费者为全程关注点，化线性单向营销思维为立体营销思维，让客户的用户画像更完善和准确，让营销更能打动人心。实现全链路、全媒体、全数据、全渠道的营销也为企业产品研发、销售策略、售后服务等提供决策依据，提高商业效率和营销精准度。

（三）渠道通路

渠道通路指的是企业通过谁来沟通和接触其细分客户，从而传递价值主张。渠道通路设计解决 5 个问题：通过哪些渠道可以接触细分的客户群体？现在如何接触他们？是否有多个渠道并进行有效整合？哪些渠道最容易和客户的需求进行融合？哪些渠道成本收益最好？

选择分销策略

渠道通路帮助提升公司价值主张在客户中的认知，帮助客户评估公司的价值主张，协助客户识别购买产品或服务，提供售后支持。

（四）价值主张

价值主张指的是企业为特定客户细分提供价值的系列产品和服务。这些价值既可以是定量的，如价格、服务标准、培训等，也可以是定性的，如设计、客户体验等。

价值主张必须回答以下几方面的内容：一是向客户传递的核心价值是什么；二是能够帮助客户解决哪一类难题；三是能够满足客户哪些需求；四是能够提供给客户细分群体哪些系列产品和服务。

设计价值主张时必须考虑的关键环节包括产品或服务、客户痛点解决方案、客户收益创造方案。

（五）关键业务

关键业务指企业用来确保商业模式正常运行，而必须做的最重要的事情。关键业务包括生产产品（如生产养殖产品，给客户提供自然造物的业态）、制造产品（制造一定数量或一定质量的产品供应给客户）、专业服务（为单一个体或群体提供专业的问题解决方案，如企业咨询、外卖服务等）、中介服务（以个体企业或平台为核心资源的商业模式，关键业务和服务内容与平台属性相关，如网络服务、交易服务）等。

非人员推销

设计关键业务需思考 3 个问题：企业的价值主张需要哪些关键业务？企业的渠道通路需要哪些关键业务？企业的客户关系和收入来源需要哪些关键业务？

（六）核心资源

核心资源指用来描述商业模式有效运转所必需的重要因素。核心资源包括实体资产、知识产权、人力资源、金融资产。一般情况下，不同的商业模式所需的核心资源不同。

品牌策略

确定核心资源必须考虑 3 个问题：企业价值主张需要什么样的核心资源？企业渠道通路需要什么样的核心资源？企业客户关系和收入来源需要什么样的核心资源？

（七）重要合作

重要合作指用来描述行业模式有效运作所需的供应商与合作伙伴的网络。典型的合作关系类型包括非竞争者之间的战略联盟关系、竞争者之间的战略合作关系、为开发新业务而构建的伙伴关系、为确保可靠供应的供应商和购买方之间的关系。

考虑重要合作时必须回答 3 个问题：谁是我们的合作伙伴？我们能够从合作伙伴那里获取哪些核心资源？合作伙伴都执行哪些关键业务？

（八）成本结构

成本结构是指运营一个商业模式所引发的各种费用的总和。成本结构包括用户服务、固定成本、可变成本等。成本结构类型有成本驱动型和价值驱动型两种。

设计成本结构时必须回答 3 个问题：什么是企业商业模式中最重要的固有成本？哪些核心资源花费最多？哪些关键业务花费最多？

（九）收入来源

收入来源指企业从客户群体中获取的现金收益。设计收入来源必须考

人员推销

虑 5 个问题：什么样的价值能让客户愿意付费？他们现在付费买什么？他们是如何支付费用的？他们为何更愿意支付费用？每种收入来源占总收入的比例是多少，以及持续性如何？

收入来源有：① 通过客户一次性付费获得的交易收入；② 来自客户为获得价值主张而持续支付的费用。

常用定价策略

一个完整的商业模式设计必须考虑以上 9 个环节，每一个环节都至关重要。在设计商业模式做到专业、聚焦、差异化、强检验。专业就是一定要秉承专业化路线；聚焦就是往小里做，做"小而美"的企业；差异化就是要做别人不能做的事情，确定自己的独特定位；强检验则指只有为客户创造立竿见影、可以衡量的价值，才有可能给企业带来利润。

项目 8　编写商业计划书

知识要点

1. 了解商业计划书的定义和组成。
2. 掌握商业计划书的编写步骤。
3. 掌握商业计划书的编写技巧。

能力目标

1. 能够独立编写商业计划书。
2. 能够根据市场变化对商业计划书进行完善。

思政目标

1. 通过商业计划书的学习，明白计划对我们的学习、工作和生活都能起到积极的促进作用，因此做任何事情前都要做好充分的计划。
2. 通过完成一份完整的商业计划书，学会从全局出发并系统地分析问题、解决问题。

案例导入

编写商业计划书的意义

在繁华的都市中心，有一位名叫李承阳的年轻创业者，他怀揣着对科技与教育结合的无限憧憬，决定创立一家名为"智学未来"的在线教育平台。李承阳深知，要将这个梦想从脑海中的蓝图变为现实中的成功企业，不仅需要创新的理念和热情，更需要一份翔实、可行的商业计划书来指引方向，吸引投资者，并作为团队行动的纲领。

李承阳曾在多家知名科技公司担任产品经理，积累了丰富的项目管理和市场分析经验。他观察到，尽管市场上在线教育平台众多，但真正能够结合人工智能技术，为不同学习需求的学生提供个性化教学方案的平台却寥寥无几。于是，他决定利用自己的技术优势，打造这样一个平台，旨在提高学习效率，让每个孩子都能享受到最适合自己的教育资源。

在筹备"智学未来"的过程中，李承阳深刻体会到了编写商业计划书的重要性。首先，通过市场调研与竞争分析，他明确了目标客户群体、市场规模及潜在竞争对手，这帮助他更精准地定位产品，避免了盲目进入市场的风险。其次，计划书中的财务预测部分，让他对未来的资金需求、成本控制及盈利模式有了清晰的规划，这对于后续融资至关重要。此外，通过制订详细的营销策略和运营计划，李承阳能够向潜在投资者展示项目的可行性和增长潜力，增强他们的投资信心。

更重要的是，商业计划书的编写过程也是李承阳对创业项目全面审视和深入思考的过程。它不仅帮助李承阳梳理了项目的核心价值、竞争优势，还让他预见到了可能遇到的挑战和风险，并提前准备了应对策略。这份计划书，成为李承阳与团队成员沟通的桥梁，确保了大家对项目目标、执行路径有共同的理解和期待。

对于像李承阳这样的创业者而言，商业计划书不仅是向外界展示项目价值的窗口，更是指导创业旅程的导航图。它不仅能够帮助创业者明确方向、规避风险，还能有效吸引资金和资源，促进团队协作。在商业环境日益复杂多变的今天，一份精心准备的商业计划书，无疑是创业者迈向成功的重要基石。通过"智学未来"这一案例，我们可以看到，编写商业计划书的过程，实质上是创业者对自我、对市场、对未来的一次深刻探索和承诺，其意义远远超出了文档本身。

制作一份优秀的商业计划书往往是创业者正式开启创业之路前的必修课。很多情况下，名不见经传的创业者无法直接见到风险投资公司的高层。那么一份要点鲜明、内容完备、逻辑缜密、感染力强的商业计划书就是打动投资经理、投资总监和投资委员会，最终顺利地帮助企业获得融资的"敲门砖"。相关研究也表明，拥有商业计划书的创业项目通常比没有商业计划书的项目融资成功率高出数倍。商业计划书是创业企业成功获得融资的重要工具，但是编撰商业计划书的意义远远不止于吸引潜在投资者。著名风险投资家尤金·克莱纳（Eugene Kleiner）指出："如果你想踏踏实实地做一份工作的话，写一份商业计划书能迫使你进行系统的思考。"例如，一个自认为构思还不错的创业项目，如果在和朋友们交流之后就会发现不少疏漏之处，一旦落笔写出来自己都可能质疑其可行性。商业计划书在递交给投资人的时候，首先是创业者自己能够清晰确认并坚定实施的行动蓝图，是企业战略规划与执行、筹资、融资、运营等一切经营活动的指南。因此，对于创新创业课程的初学者，本章将带领大家一起来学习商业计划书的主要内容和编制技巧。

任务 1 认识商业计划书

一、商业计划书的定义

商业计划书（Business Plan）又称创业计划书，通常是创业者在创业的初期阶段为了向潜在的投资者、创业团队、公司骨干、合作伙伴等全面展示公司或项目的商业逻辑、团队构成、现有情况、发展战略、业务规划、行动策略、融资用途、收益回报和投资风险等相关内容的书面材料。一份好的商业计划书通常具有逻辑清晰、内容完整、数据翔实、装订精美的特点。从商业计划书的定义和特征中我们可以看到以下特点。

（1）商业计划书的阅读者不仅仅是投资者。在公司创建的初期为了说服重要的核心成员加盟创业团队，引起合作伙伴（如供应商、代理商、零售商）对创业项目的兴趣，检验目标市场或客户的反应，都需要以书面形式的商业计划书向他们清晰地描绘和展示未来的前景。

（2）商业计划书是一份全方位的项目计划书。因此，商业计划书中各个模块都需要互相衔接和对应。比如，现有情况和发展战略要与商业逻辑相匹配，业务规划要与发展战略相匹配，团队构成和融资用途要与业务开拓相匹配。

（3）商业计划书一定要建立在科学调研分析的基础上。商业计划书代表了创业者的行事风格、沟通策略和诚信承诺。如果商业计划书的调研分析模棱两可、文字表达草率随意、引用数据不够扎实、业务增长预测和财务预算不合理，将大大影响投资者对创业项目的研判。而且商业计划书通常会在投资圈中流转，一旦有知名投资机构对创业者的诚信产生了质疑，其他投资机构也就不会轻易相信这个创业者了，而创业者将因此痛失融资机会。所以，商业计划书一定要经过创业团队的深思熟虑、反复修改、不断迭代、细致审核后方可向外部公开。商业计划书必然会涉及创业企业的一些商业信息，如商业模式创新、市场营销策略、技术机会分析，所以创业者在把商业计划书提交给投资机构之前，一定要和对方签订商业计划书保密承诺。值得一提的是，有的创业团队是理工科背景，没有经济、管理、财务、法律等方面的知识储备，也不具备编写商业计划书或洽谈融资的经验，这时可以聘请有投融资背景的专业人士来指导编写工作或代为编写，比如帮助创业团队来计算盈亏平衡点、测算投资回报率等。

二、编写商业计划书的意义

在创业实务中，一些创业者对于商业计划书的编写总有误解。例如，有的创业者感觉自己的团队很优秀，技术上独树一帜，选择的赛道也符合行业发展的趋势，没有必要花费太多的时间和精力去编写商业计划书。殊不知，投资者往往比创业者更加冷静且思考得更全面。投资者首先要考虑的是，创业项目在商业上是否能够获得成功。如果面对的是一个肯定无法获利或很难顺利退出的创业项目，他们宁可不投资。草率敷衍的商业计划书可能表明该创业团队的策划能力不够、对未来的不确定性的应对考虑不足，这必然让投资者失去信心。因此，在开始准备编写商业计划书之前首先应该明确商业计划书编写的意义。一般来说，编写商业计划书的意义主要有以下三点。

（1）促使创业者凝练商业逻辑、发掘短板和不足。安德鲁·查克阿拉基斯指出，用强悍又善诱的商业计划书，把你的商业金点子转化成金子。这其实明确了商业计划书的一个重要功能是帮助创业者如何把相对凌乱而发散的创意整理成能够落地执行的策略和行动。在这个过程中，创业者不断地思考如何将商业模式画布上缺失的"拼图"逐一弥补上，进而凝练出"闭环"的商业逻辑。例如，渠道通路是创业企业最为棘手的问题，那么就可以进一步地分析到底缺失的"拼图"是什么。是因为对渠道的管控乏力，或因为终端销售人员的能力不足，还是因为对经销商的考核激励不够。在这个过程中，创业企业对自身的优势进行重新评估，并对各类风险进行预测、识别和管控。

（2）促进创业团队内部全面理解并明确创业的目的、方向和方位。在实践中，创业团队和核心骨干对创业的目的或方向往往比较清楚，但是对创业的方位却并不清楚。在创业企业发展的路线图中，方向是路线图中未来的位置，而方位是路线图中现在的位置。很多创业企业奋斗的方向是对的，但是却总是找不准自身的方位，虽然投入了很多核心资源，却总是兜兜转转、举步不前，多数情况下就是因为不清楚企业的方位。因此，编写创业计划书，可以帮助企业把自身的现状与未来的发展方向连接起来考虑，进而进行全面的思索和重新定位。只有创业企业上下能够对创业目的、方向和方位形成统一的认同，才能够合理地进行内部部署，并提高经营战略执行的工作效率。

（3）促进创业者与投资者更好地沟通，进而提升投资者的信心。风险投资机构或私募股权投资基金的投资人工作十分繁忙，他们每天都要主动或被动地接触很多的创业者，翻阅大量的商业计划书。因此，如何在最短的时间内让投资人对创业团队和创业项目产生极大的兴趣，愿意与创业者尽快面谈并进一步做深入的了解，一份制作完整、规范的商业计划书就是最佳沟通工具。如果创业者能够让投资人迅速地在商业计划书中抓住创业项目的价值主张、竞争优势和盈利前景等投资人最为关注的要点，投资人会认为创业者不仅有着一腔热忱，还有着缜密的商业思维，从而增进投资人对创业团队的信任、对创业项目的信心。

对于充满创业梦想的广大大学生创业者来说，学习编写商业计划书是大学生把创业想法转化为行动方案的必修课。大学生在编写商业计划书的过程中，能够培养统摄全局的系统思维能力、严谨缜密的逻辑能力以及流畅的文字表达能力，也能够锻炼其市场调研能力和产品设计能力。

编写创业计划书的意义

延伸阅读

把科技论文写在祖国大地上

农业废弃物一直影响着我国农业现代化的发展，每年都会产生大量农作物秸秆等待处理，过去一直采取焚烧的方式解决，不仅存在安全隐患，还带来大量污染，而采取秸秆还田，也不能有效解决秸秆问题，在秸秆漫长的腐烂过程中还会影响二茬农作物生长。2013年，怀揣梦想的宜城青年博士熊炜，带着从德国留学回来的最新生物发酵技术，回到家乡宜城市流水镇，开始了创新之旅。

面对熊炜的这个决定，身边的同学、老师无一不感到吃惊，"你都已经求学这么久了，见识过这么美好的大千世界了，为什么还要回到那个小地方？"熊炜的德国导师毫不掩饰地这样询问自己的爱徒，甚至许诺以丰厚的条件和良好的科研待遇。面对这样诚恳的老师，熊炜也不是没有过内心的动摇，但是面对家乡迫在眉睫的问题，他还是遵从了自己内心的选择。

"是金子在哪都能发光，何况这里还是我的家乡！"熊炜如是说。宜城市流水镇是熊炜生长的地方，尽管他一直在外求学，根植在他血液里的家乡情怀却深深地影响着他，他直率、敢拼、敢做，和无数个宜城人一样。

2013 年 6 月，湖北绿鑫生态科技有限公司挂牌成立。以前的他从来都只懂读书，只懂如何去研究、做学问、做实验，哪里懂得去管理团队与运营企业。创业经验缺乏、人才稀缺、资金短缺都是他所面临的问题。但是熊炜坚信：好的管理者不是天生的，一定是经过各种困难和磨炼之后成长起来的。要在创业的过程中发现困难、分析困难、解决困难，一步步成长为合格的管理者；在创业人才方面，他对团队的每一个人都面试、复试，直到成长为"绿鑫人"，才能找到真正适合企业的人才，公司也逐渐发展到 100 人左右的规模，这也为当地提供了一部分就业岗位；资金方面，通过项目路演等形式，得到省产业引导基金的青睐，获得了一笔创业启动资金，同时也吸引了一些精尖人才加入项目中。

抓住机会拿到政府给予的启动资金后，绿鑫科技很快投入到项目建设中；在不到两年的时间里，就实现了从团队建设到第二套设备自主研发。随着研发的投入和不断的技术革新，现在的绿鑫科技在技术领域已经取得了不俗的成就。公司网页上的目标就是："引领有机废弃物资源化处置技术，践行循环经济与绿色发展，不忘初心，砥砺前行，高质量建设美好生态环境。"围绕这一目标，绿鑫生态科技历时五年，联合德国知名企业和中国科学院专家组建了一支中德合作的高知团队，将德国先进的有机废弃物资源化的技术体系和商业模式引进吸收，并结合我国有机废弃物的特性和操作层面的实际情况，构筑了一套符合我国大农业发展规律的 3.0 版沼气科技体系。该技术体系以混合原料半干式及干式耦合发酵为特点，填补业内多项技术空白。显著的沼气生产能力，为我国蓬勃发展的生物天然气行业注入了新的活力。

随着我国经济高速发展和生态文明建设水平的不断提高，如何解决各类有机废弃物环境污染问题日益成为社会的焦点和热点。发展有机废弃物源头减量化、生态化、资源化处置技术，实现资源回收和碳减排已经成为国家发展战略的关键点之一。党中央、国务院近年来对此高度重视，先后出台一系列的政策、法规促进该领域的高质量发展。2022 年宜城市举办第一届创新创业大赛，再次吸引了熊炜的目光，他知道又一次新的机会已经来到。

熊炜博士站在双创比赛的现场和大家分享自己的创业心得时说："科技人员创业，不仅要注重科技知识和成果的'高大上'，也要接地气地去服务自己的团队、自己的客户，离市场和客户越近，取得成功的可能性就越大。秉持着以创新科技推动行业提档升级，以高质量项目运营促进绿色产业发展。每落地一个项目，便振兴一片乡村，真正地把科技论文写在祖国广阔的大地上！"

三、商业计划书的组成

商业计划书通常没有标准的文本格式，实务中可能也很难找到两份完全一样的商业计划书，但是按照商业惯例，商业计划书的框架结构是相似的，通常包括以下八个方面。

（一）封面、内容摘要和目录

商业计划书的封面通常应该简洁美观，且包含一些必要的信息。所谓简洁美观，应该遵循宁简毋繁、宁稳毋乱、宁明毋暗的原则。融资活动是一项严肃认真的商务活动，吸引人的主要是内容而不是形式，因此创业团队在封面选择上应该给投资人以稳重的印象。在封面上，一般还应当写上企业的名称、创业者的联系方式、告诫阅读者注意保密的提示语以及公司的 LOGO 等。内容摘要列示在创业计划书正文的最前面，是投资人最先阅读的部分，通常不超过一页，旨在用简洁确切的语言把商业计划书中的精华部分呈现给投资人。创业者应该从投资人的视角来撰写内容摘要，也就是提前帮助投资者总结出有价值的投资要点。目录则是商业计划书的框架，对于一份页数比较多的商业计划书，目录能够帮助投资人迅速地查阅到其最关心的部分。

（二）项目背景和项目定位

项目背景，可以分别从宏观的行业分析、中观的市场分析和微观的竞争分析这三方面来进行阐释。行业分析可以描述行业的历史沿革、行业政策、行业规模、行业集中度、产业链上下游企业、行业中的标杆企业、发展趋势等。市场分析主要是从目标市场和目标客户的需求来进行分析，包括市场痛点和市场容量等。其中，市场痛点是指目标客户在刚需消费中难以忍受并希望明显被改善的问题；市场容量是指市场的规模大小。很多投资者非常关心市场容量的天花板。竞争分析是要分析处于同一赛道中的竞争对手有哪些，针对竞争对手与竞品的威胁有哪些机会、优势和劣势。项目定位是指在既定行业、市场和竞争态势下创业者的市场定位和目标客户群定位。当市场定位和项目定位明确后，商业模式画布中的价值主张、渠道通路、重要合作等定位也随之确定。有一些刚需消费同时还是高频消费，即消费场景在生活或工作中经常发生。如果创业者能够发现市场痛点，并且是高频刚需、市场容量巨大的需求，那么这样的项目定位将受到投资者的关注。不过，很多创业者提出的需求多为伪需求或非刚性需求，这就很难打动投资者了。

（三）公司组织架构与创业团队

公司组织架构可分为公司的股权结构和内部管理架构。股权结构源于公司股东协议，是股东之间权力配置的结果，是公司治理结构的基础，股权结构也决定了公司的控制权。

在商业计划书中，应该把公司股权结构的历史沿革、股东名单、实际控制人、股权分配比例等信息逐一介绍。内部管理架构部分通常应该提供公司的组织结构图，并描述公司的股东会、董事会、高管、各职能部门名称和职责范围、各部门的负责人、公司的薪酬体系等。创业团队是投资人最为关注的内容之一，因为创业团队对于创业项目的成败起着决定性的作用。在风险投资领域流传着这样一句话："宁可投资一流的团队和二流的项目，也不投资二流的团队和一流的项目。"一个连续创业且有成功创业经验的创业者比一个创业的"小白"更容易得到投资人的青睐。因此，在商业计划书中一定要把创业者和核心高管的学历背景、工作经验和创业经历做一个翔实的介绍。

（四）战略规划与执行方案

在商业计划书中，不但要告诉投资者创业企业的历史沿革和发展现状，更要告诉投资者未来的战略规划，以及战略规划逐步落地的执行计划。战略规划是企业发展的纲领，用来指导企业的全面发展，明确企业资源的配置依据，牵引企业的各项执行方案。战略规划是一个战略体系，包括发展战略、竞争战略、营销战略、融资战略、技术创新战略等。发展战略是一定时期内企业的发展方向和总体规划，这一部分可以分阶段、分年份地进行描述。竞争战略是企业脱颖而出的策略，这一部分要告诉投资者究竟是选择成本领先战略、差异化战略，还是选择集中化战略。营销战略要告诉投资者产品策略、定价策略、渠道策略和促销策略，要描述可实现的销售目标、可实施的营销计划等。融资战略在下面的"财务预测与融资计划"部分进行描述。技术创新战略要告诉投资者根据竞争态势和自身实力究竟要选择进攻战略还是防御战略，究竟要选择自主创新战略、模仿创新战略还是合作创新战略。执行方案部分要描述清晰的工作进度安排、明确的责任人、清晰的里程碑计划、可检验的工作成果。

（五）项目风险预测与应对

市场瞬息万变，企业面临着各种风险，如政策风险、市场风险、经营风险、财务风险等。政策风险是指由于国家宏观政策或法律法规变化导致的不确定性；市场风险是指市场价格波动导致的不确定性；经营风险是指企业在生产经营过程中，由于产、供、销各个环节的波动造成的不确定性；财务风险是指企业因为借入资金而丧失的还本付息以及净利润变动的不确定性。很多创业投资者是风险偏好型，但是投资机构不仅关注投资回报，更关心投入资金的安全。因此，创业者在商业计划书中与其对潜在的风险避而不谈，不如直接披露可能遇到的风险，这彰显了对投资人关注点的关切。再缜密的战略规划与执行方案都需要根据实际情况进行及时调整，企业遇到各种风险在所难免，在商业计划书中应当描述企业对可能面临的风险的识别、管控以及应对策略。

（六）财务预测与融资计划

财务预测是在创业企业业务活动的历史统计并综合考虑其发展趋势的基础上，对未来的筹资活动、投资活动做出的科学预测和估算。企业通常要把财务预测和业务活动预测有机结合起来考虑，并计算盈亏平衡点、编制模拟的财务报表（包括资产负债表、利润表和现金流量表等）。在准确的财务预测的基础上，创业团队才能够根据融资需求提出科学合理的融资计划。融资计划包括融资方式、融资渠道、融资金额、股权出让、融资用途、过往融资经历等。在融资金额中，要说明在可预见的 6～12 个月，需要多少资金，资金分别会用在哪些方面，同时又能够完成哪些里程碑式的目标。在编制财务预测与融资计划时，还应当测算投资者非常关心的一些核心财务数据和财务指标，如销售收入、销售成本、营业利润、应收账款、存货、股东权益报酬率、销售净利率、资产负债率、流动比率、存货周转率、应收账款周转率等。

（七）资本退出

投资者非常关注其投入资本的流动性，资本也不可能陪伴创业企业一路走下去。所以，天使投资、风险投资、私募股权投资这些有着不同的风险偏好的资本，在企业的发展过程中不断交接棒、助力企业的发展。在这一部分，应当明确地告诉潜在的投资者，在什么时候他们能够以何种形式退出，并获得多少相应的投资回报。资本退出的方式有股权转让退出、创业团队回购退出、首次公开发行上市退出、借壳上市退出、清算退出。在这些退出方式中，上市退出是回报率最高的方式。

（八）附件

正文中的一些文字、数据或结论往往需要一些书面材料来佐证。而这些佐证如果放在正文，会使得正文篇幅过于冗长，影响投资者对正文部分的阅读。因此，应该将这些佐证材料作为附件放在正文之后。这些佐证材料通常包括（但不限于）购销合同、获奖证明、市场调研报告、专利授权书、相关政策文件、生产工艺流程图、高管履历、组织架构图、行业资质等。

任务 2　编写商业计划书

一、商业计划书的编写步骤

成功的商业计划书往往有一些共通的特征，如内容系统、亮点鲜明、逻辑缜密、依据充分、可行性强。如果创业者的商业计划书能够

创业计划书的组成

满足以上特征，那么融资成功的概率将大大增加。如何来编写一份优秀的商业计划书呢？商业计划书在编写中是否有一定的"程式"可遵循？本节将重点介绍商业计划书的编写步骤和编写技巧。

（一）商业计划书的编写目的和读者对象

一般来说，商业计划书的主要编写目的是进行外部股权融资。外部股权融资的对象通常是专业的投资机构，如风险投资基金、私募股权基金。创投界对于商业计划书的基本制式与核心内容都是有要求的，正如本章任务 1 中所阐述的，在商业计划中就应该侧重于这些专业的读者对象所关注的要点。比如，必须对商业模式、核心竞争力、团队优势、盈亏平衡分析、核心财务数据、资本退出方式等进行详细论述。如果商业计划书的主要编写目的是进行外部债权融资，就需要从银行等债权人关注的要点进行编写，如资产负债率、流动比率、速动比率等长期或短期的偿债能力。有的时候，商业计划书也是公司内部管理的工具，那么其读者对象就是公司内部的高管和骨干员工。此时其侧重点就应该是对公司的战略规划、执行方案、项目的实施进度等的描述。

（二）搜集所需要的信息资料

充足的信息资料有助于创业者完成一份成功的商业计划书。商业计划书的丰富内容，需要有大量的资料进行支撑。一般来说，信息资料分为两大类，一类是企业内部的资料；另一类是企业外部的资料。内部资料包括公司控股股东和实际控制人的基本情况及持股比例表、股东签署的协议、工商登记证明文件、合同文件、审计报告、评估报告、验资报告、会议纪要等；外部资料包括国家政策法规、行业研究报告、统计年鉴、网络媒体信息等。对已经具备的信息资料应该制作清单，同时明确缺少的信息资料，并对缺少的信息资料进行补充。例如，可以考虑组织专人对上游的供应商、下游的客户等进行面对面的访谈，或进行问卷调查获得数据，或从专业的第三方咨询机构购买，或组织行业内专家分析座谈。商业计划书的编写是一个不断积累资料、循序渐进的修订过程，所以信息资料可能需要不断收集。甚至在商业计划书交给投资者之后，还可以根据投资者的建议补充相关支撑材料。

（三）设计商业计划书的框架

接下来，创业者就需要给出商业计划书的基本框架。值得一提的是，在商业计划书编写的具体过程中，创业者可以根据企业自身的实际情况对相关内容有所侧重，目录标题和编排顺序也可以灵活安排。图 8-1 给出了一个大学生创业企业的商业计划书的基本框架或核心要点。

在图 8-1 中，我们仅给出了一级标题。很多商业计划书的目录框架是有二级标题甚至三级标题的。因为一级标题往往比较简要抽象，如果想让投资人尽快看到商业计划书中的亮点，可以通过二级标题或三级标题来呈现。如果在编写工作中，能够明确二级标题与三级标题的内容，说明该商业计划书思考得很透彻，也便于后期编写工作的展开。接着向大家展示一个大学生创业团队参加创新创业大赛的商业计划书实例的目录，如图 8-2 所示。

- 封面
- 投资要点
- 目录
- 项目背景与问题提出
- 项目定位与解决方案
- 市场分析与进入策略
- 商业模式
- 竞争优势
- 核心团队
- 战略规划与执行现状
- 股权结构
- 财务预测与融资计划
- 资本退出方式
- 附录

图 8 - 1　商业计划书的基本框架或核心要点

一、公司概述

　（一）公司简介

　（二）公司使命

　（三）公司的商业模式与主要业务

　1. 商业模式

　2. 主要业务与产品

二、K12 教育行业分析

　（一）K12 教育市场

　1. K12 教育市场发展历程

　2. K12 教育市场乱象丛生

　（二）K12 教育产品现状

　1. 产品种类丰富，侧重不同

　2. 产品质量堪忧，弊端显露

　（三）行业存在的痛点

　1. 情景之一：家长的选择迷茫

　2. 情景之二：学生的使用感受被忽略

　3. 情景之三：教育主管部门的关切

三、国内外教育测评行业

　（一）国内外相关测评公司介绍

　（二）第三方教育测评机构的机遇与挑战

　1. 国家教育政策引导第三方教育测评行业的发展

　2. 市场需求催生教育测评机构的高质量发展

　3. 第三方测评教育机构存在的合理性与合法性

　4. 当前第三方教育产品测评机构发展中存在的问题

（三）我们的定位

四、收入来源与成本结构

（一）收入来源

（二）成本支出及其结构

五、竞争分析、营销计划与重要里程碑

（一）竞争分析

（二）营销计划

1. 营销战略

2. 服务内容

3. 价格制定依据

（三）重要里程碑

1. 企业长期目标

2. 成长阶段

六、融资计划

（一）财务预测分析

（二）融资策略

（三）退出机制

七、团队介绍

（一）参赛成员简介

（二）股权结构

图 8 - 2　商业计划书目标

（四）开始编写商业计划书

在完成了上述三个步骤之后，就可以正式着手商业计划书的编写工作了。一般来说，可以把编写工作分配给团队中不同的成员，每个人负责一部分。但是，到了商业计划书最后统稿的时候，一定要注意文本前后的逻辑一致与相互对应。创业者也可以找一些优秀的商业计划书作为参考蓝本，但是不要对模板生搬硬套。每个创业企业都有不同于其他创业企业之处，一定要把本企业的核心亮点展现出来，这样才能够得到投资者的青睐。在商业计划书中尽可能地多使用一些数据和图表，使其显得更加有说服力。商业计划书的编写过程也是一个创业者不断丰富其对自身创业项目认知的过程。在这个过程中，创业者可以把尚未成熟的商业计划书拿出来与朋友、天使投资人、行业领域的专家或是投资领域的专家一起研讨，并根据他们的建议不断完善。

二、商业计划书的编写技巧

（一）开门见山，直奔主题

商业计划书是进行融资洽谈的商务交流工具，所以一定要开门见山地介绍自己的创业项目。很多商业计划书花费了大量的篇幅在项目背景介绍上，如国民经济增长速度、行业发展历史沿革，但是细究之后会发现这些内容与创业项目的定位、市场的痛点并没有特别直接的关系。投资人喜欢创业者用简洁明快、直奔主题的方式来表达想法。因此，必须删掉与主题无关的内容。商业计划书也不宜一味地用图片、文字、装帧等方式进行过度的"视觉营销"，反而是精准平实、直奔主题、切中要害的陈述更能打动投资者。

（二）尽可能地搜集和占有更多的资料

商业计划书要力求引用的资料全面翔实。例如，对产业链上下游企业的生态状况、竞争对手企业与竞品的优劣、潜在消费者及其偏好，都要言之有据，这样才会让投资人觉得创业团队的功课做得特别扎实。实际上，在商业计划书的撰写工作中，很大一部分精力都投在了资料的搜集和整理工作中。如果一些结论仅仅建立在创业者的主观判断之上，将无法获得投资人的信任。很多专业投资机构的投资经理都有着丰富的业界经验，如果创业者摆出的佐证资料不够充分，投资者会认为其对行业和市场的理解深度不够，融资活动就可能宣告失败。

（三）从投资人的关切点出发，不要自说自话

很多创业者或多或少都会有一些"自恋"情结，总觉得自己的项目很好且市场上资本充足，但这样的商业计划书往往就会偏离投资人的关注点。例如，有的创业者在商业计划书中会强调消费者的"痛点"多么显著、市场增速和容量如何潜力巨大，但是投资者可能会更加关注当前是否是介入的最好时间窗口；有的创业者在商业计划书中会强调自己研发的技术非常先进，甚至能够完全替代现有的技术，但是投资者可能会更加在意技术替代的可行性；有的创业者在商业计划书中会强调自己的商业模式十分新颖，但是投资者可能会更加想知道该商业模式是否能够行得通。创业者一定要多从投资人的视角思考，而不是在自己的思维定式下来编写商业计划书，这样才会提高商业计划书对于投资人而言的可阅读性。

（四）亲力亲为，不要全权委托代笔

创业项目是创业团队的"亲生骨肉"，商业计划书的编写也一定要亲力亲为。在前文中曾提到，可以借助专业人士或专业机构的工作来进行商业计划书的编写，但是创业项目的亮点、优势、威胁、风险，这些情况只有创业者自己才真正知道。在编写商业计划书之前，很多投资者并不清楚自身的一些短板和长板，而商业计划书不断迭代的过程恰恰也是创业者深入思考的过程。所以，创业者一定要重视商业计划书的编写工作。一些创业者聘请专业人士或专业机构全权代笔商业计划书，结果到了路演的时候，对其中的一些要点"一问三不知"，这样在投资人面前就难免造成不好的印象。

（五）告诉投资人执行现状，不要只展望未来

随着国内创投业的快速发展，投资人更加理性和专业。投资者更愿意"锦上添花"而不是"雪中送炭"。创业者很难凭借一个创意加上一本商业计划书就赢得投资者的信服并顺利

获得融资。所以，创业者在商业计划书中不能够仅展望美好的未来，一定要着重描述当前的执行现状。例如，投入了多少资金，招募了多少人员，项目研发进展到了什么程度，已经积攒了多少客户，客户的活跃度和留存率又如何等。如果创业团队始终停留在创意阶段，核心成员多半是利用业余时间来兼职参与的，商业模式也未经过市场检验，那么即便是再好的创业项目，投资者通常也都会选择观望。所以，创业者一定要在商业计划书中明确地把这些实质性的进展描述出来，使投资人看到创业者的决心、承诺和行动。

编写创业计划书的
原则和技巧

延伸阅读

投资人眼里的商业计划书

商业计划书要编写得全面翔实、简明扼要，因为编写商业计划书的主要目的在于获得投资人的投资。全面翔实的商业计划书能够展示尽可能多的内容，并提供各方面的依据，从而增加商业计划书的可信度。而简明扼要、通俗易懂的商业计划书让投资人一目了然，有助于投资人快速地判断出商业计划的可行性，是否有利可图，以及投资的收益如何等。当然，商业计划书要建立在科学分析的基础上，过高地估计企业将带来的价值是不切实际的。

从投资人的角度分析，商业计划书的要点主要集中在以下几个方面，以评估项目的可行性和潜在价值：

一、商业模式

1. 投资人会关注企业如何创造价值和盈利，商业模式是否具有差异化和可持续性。

2. 投资人会仔细审查商业模式的逻辑性和可行性，包括收入来源、成本结构和利润模式等方面。

二、市场分析

1. 投资人会评估市场规模、增长趋势、竞争态势和目标市场的需求等因素。

2. 投资人希望看到充分的市场调研和分析，以证明企业对市场机会的理解和洞察力。

三、财务预测

1. 投资人会关注企业的收入、利润、现金流和盈利能力等方面的预测。

2. 投资人会对财务预测的合理性和一致性进行评估，同时也会考虑风险和回报的平衡。

四、团队背景和能力

1. 投资人会关注创始人的经验、技能和领导能力，以及团队的组成和互补性。

2. 投资人希望看到一个强大的团队，能够应对挑战和推动企业的发展。

五、风险评估

1. 投资人会评估项目的风险，包括市场风险、技术风险和竞争风险等。

2. 投资人会考虑企业是否有有效的风险应对措施和计划。

六、融资需求和用途

1. 投资人会关注企业的融资需求以及资金的用途。

2. 投资人希望看到企业对资金使用的合理规划，以确保资金的有效利用。

综上所述，从投资人的角度看，商业计划书需要全面、详细地展示项目的商业模式、市场机会、财务预测、团队实力、风险评估和融资计划等关键信息。这些信息将帮助投资人评估项目的可行性和潜在价值，从而做出是否投资的决策。

项目 9 模拟开办企业

知识要点

1. 掌握设立创业企业的流程。
2. 熟悉企业注册相关法律知识。
3. 掌握对新设企业进行人力资源管理和财务管理的方法。

能力目标

1. 能按照规定流程设立一家创业企业。
2. 能够根据市场定位，制定适当的企业管理策略。

思政目标

1. 通过模拟开办企业，培养良好的职业素养。
2. 通过开发新产品，培养严谨的工匠精神。

案例导入

选择合适的企业组织形式

学过平面设计的李琴想开一个设计工作室，但由于一时还凑不齐创业所需的资金，便暂时放下了创业的想法，到本地较大的一家平面设计机构——××公司参加应聘。××公司的领导看到李琴出色的设计作品时，立即决定聘用她为公司的平面设计师。李琴也非常珍惜这个机会，她刻苦认真、谦虚好学，不断从其他设计师身上学习新的设计技术和理念。

李琴在认真工作和学习的过程中，也始终在为自己的创业做准备。在××公司工作一年多后，李琴正式辞职，决心用自己的积蓄开始创业。为了节约成本，李琴租下了一栋旧写字楼里的一间仅十几平方米的小办公室。有了办公室之后，李琴又到旧货市场买了办公桌椅、文件柜等办公家具，并把自己家里的计算机搬到办公室进行办公，她还买了一台彩色打印机，所有成本总共不到 1 万元。

一切准备工作就绪后，李琴到工商管理部门进行注册咨询。咨询后得知，如果注册有限责任公司，各种手续办下来要花 2000 多元，而注册个体工商户的花费要少很多。于是她就用"李琴设计工作室"的名字办理了个体工商户的注册手续。当领到营业执照时，李琴无比自豪，她的创业梦想终于走出了第一步，接下来就可以开展业务了。

任务 1　注册登记企业

一、注册登记企业流程

公司设立是指公司设立人依照法定的条件和程序，为组建公司并取得法人资格而必须采取和完成的法律行为，其第一步是公司注册。在国家完成"多证合一"改革后，公司设立的具体流程为办理"多证合一"工商注册—刻章—银行开户—税务登记。

（一）"多证合一"工商注册

1. "多证合一"工商注册的含义

"多证合一"是指商事主体（企业）的营业执照、组织机构代码证、税务登记证、社会保险登记证、统计登记证、刻章许可证、住房公积金缴存单位登记等证照和事务，在商事登记部门"一表申请、一门受理、一次审核、信息互认、多证合一、档案共享"登记模式的基础上，只发放记载有统一社会信用代码的营业执照。

"多证合一"实现了企业"一照一码"走天下。"一照"即营业执照，成为企业唯一的"身份证"；而"一码"即统一社会信用代码，则成为企业唯一的"身份证代码"。办理工商注册是设立新企业必不可少的一步。

2. "多证合一"工商注册的流程

由于各地产业分布存在较大差异，涉企证照数量不一，需要整合的证照也存在较多差异，所以，"多证合一"改革没有具体明确"多证"到底是指哪些证件。这需要由各省（区、市）根据实际情况来确定，大多遵循"能整合的尽量整合"原则。通常，"多证合一"工商注册的流程如下。

（1）提交申请。商事主体申请人通过全流程网上登记系统填写"多证"联合申请书，并把相关材料提交到商事登记部门，由商事登记部门统一受理，实现"一表申请、一门受理"。

（2）商事登记部门审核。商事登记部门审核"多证"联合申请材料后，视为同时经过机构代码部门、税务部门、公安部门及社保部门等相关部门审核。审核通过后，商事登记部门将相关登记信息和办理结果共享至机构代码部门、税务部门、公安部门及社保部门，实现"一次审核"和"信息互认"。

（3）领取证书。经商事登记部门审核通过后，商事主体申请人、法定代表人（法人企业）、负责人（分公司、分支机构）、投资人（个人独资企业）、执行事务合伙人（合伙企业）或者经营者（个体工商户）即可根据网上注册系统提示，持本人身份证前往指定发照窗口申请领取纸质营业执照。

（4）归档。档案原件由商事登记部门保存、档案影像共享给机构代码部门、税务部门、公安部门及社保部门，实现"档案共享"。

3. "多证合一"工商注册的办理材料

和办理流程一样，"多证合一"工商注册所需的材料也因各地情况不同而有所差异。通常，企业办理"多证合一"需要准备如下材料。

（1）拟任法定代表人签署的《企业设立登记（一照一码）申请书》（原件 1 份）。

（2）经办人身份证明（复印件 1 份，查验原件）。

（3）全体股东（发起人）签署的章程（原件 1 份）。

（4）股东（发起人）的主体资格证明（复印件 1 份，自然人身份证明需查验原件，单位资格证明需加盖公章，并注明"与原件一致"）。

（5）法定代表人、执行董事/董事长、董事、监事、经理的任职文件（原件 1 份）及其身份证明（复印件 1 份，法定代表人身份证明需查验原件，执行董事/董事长、董事、监事、经理身份证明的复印件上需注明"与原件一致"并由法定代表人签字）。

（二）印章刻制与管理

1. 企业印章及其功能

新创企业申请刻制相应的印章，需持营业执照复印件、法定代表人和经办人身份证复印件各一份，以及由企业出具的刻章证明、法人代表授权委托书到公安局指定的机构进行刻章。

以公司为例，公司印章包括公司公章、法人代表章、合同专用章、财务专用章、发票专用章 5 种。这些印章有各自严格的使用场合，误盖和漏盖都会导致文件失效。

（1）公司公章。公章是公司所有印章中最具权威性的，代表着公司的最高效力。不管对内、对外，它都代表了公司法人的意志，使用公章可以代表公司对外签订合同、收发信函、开具公司证明。

（2）法人代表章。法人代表章是公司法定代表人的个人用章，它对外具备一定的法律效力，可用于签订合同、出示委托书文件等。

（3）合同专用章。合同专用章是公司对外签订合同时使用的。相关合同的签订在公司经营签约范围内必须盖上合同专用章才能生效，因此它代表着公司可由此享受的权利和应承担的义务，一般公章可以代替合同专用章使用。

(4) 财务专用章。财务专用章的用途比较专业化，一般针对单位会计核算和银行结算业务使用。

(5) 发票专用章。发票专用章是公司在经营活动中购买或开具发票时需加盖的印章。值得注意的是，在发票专用章缺少时，可以用财务专用章代替，反之则不可行。

2. 公章遗失

公章如果出现遗失、被盗等情况，就可能被他人盗用。为此，企业应该立即采取相应措施，以控制风险、减少损失。公章遗失的具体处理流程如下。

(1) 报案。公章遗失，企业应该主动报案。法定代表人需持身份证原件及复印件、营业执照副本原件及复印件到丢失地点所在地的派出所报案，领取报案证明。

(2) 登报声明。企业可持报案证明原件及复印件、营业执照副本原件及复印件在市级以上每日公开发行的报纸(如晨报、晚报等)上做登报声明，声明公章作废。报纸会在第二天刊登声明。

(3) 补办公章。自登报起公示3天后，公司法人代表需持整张挂失报纸、营业执照副本原件及复印件、法人代表身份证原件及复印件(身份证需正反面复印)，以及法定代表人拟写并签名的丢失公章说明材料(需详细写明公章丢失的原因、时间、地点，报案的时间、地点，登报声明的时间和登报所在的版面)到公安局治安科办理新刻印章备案。

(4) 刻章。原公章作废，新公章需要3～7个工作日完成刻制。

延伸阅读

刻错的公章

俊郎电气从事高低压电器及成套设备、配电开关控制等设备生产，是××市一家保持较快增长速度的企业。2019年9月，在该公司打算投标新项目时，却意外发现因刻章店的疏忽，企业公章上的备案号错了。公章刻错可不是一件小事。按照以往的惯例，俊郎电气需重新刻制公章，并一一更正之前错误公章涉及的业务，跟国家电网、万科等重要客户逐一办理变更手续，这一整套流程下来需要花费3个多月的时间。并且在刻章期间，公司也无法参与投标、竞标及其他业务拓展，还将严重影响公司短期资金回笼，可以说因为公章的错误，俊郎电气一下子从一家朝阳企业变成了半只脚踏出悬崖的危险企业。

恰好此时该市经济和信息化局(以下简称经信局)的工作人员来到俊郎电气开展"万名干部进万企"的进企问需活动，俊郎电器公司董事长抓住机会向经信局的工作人员陈述了企业遇到的难处。经信局的工作人员当即表示会尽力帮助协调俊郎电气解决这一难题。

为了解决这一难题，××市经信局有关负责人牵头市县两级经信和公安部门对该问题进行了专题研究。经过6次专题会商后，基于最大限度帮扶企业的原则，公安部门决定主动为企业担责，请示省公安厅，在得到同意批复后，采取"将错就错"的做法，直接在全省企业公章备案号数据库内将俊郎电气的备案号变更为公章上的备案号。

这一做法涉及省、市、县 3 级公安部门的权限分工，此前从未有先例。最终，在方案出台后的短短 3 个工作日内，企业难题得到化解。

从这一案例能看出公章对企业来说至关重要，由于公章的错误，俊郎电气面临 3 个多月内无法开展任何业务的局面，这势必会造成严重的损失。××市经信局及时协调各部门，采用前所未有的方式帮助俊郎电气解决了难题。由此可见，创业者在拿到公章后一定要仔细核对，确保正确。

（三）开立企业银行账户

1. 银行账户的种类

企业的银行存款结算账户分为基本存款账户、一般存款账户、临时存款账户、专用存款账户 4 种，不同账户具有不同的规定。

（1）基本存款账户。基本存款账户是企业的主要存款账户，主要用于办理日常转账结算和现金收付，以及存款单位的工资、奖金等现金的支取。一个企业只能在一家商业银行的一个营业机构开立一个基本存款账户。

（2）一般存款账户。一般存款账户是企业因借款或其他结算需要，在开立基本存款账户以外的银行开立的账户。该账户只能办理转账结算和现金的缴存，不能办理现金的支取业务。

（3）临时存款账户。临时存款账户是企业的外来临时机构或个体工商户因临时开展经营活动需要开立的账户。该账户可办理转账结算及符合国家现金管理规定的现金业务。

（4）专用存款账户。专用存款账户是企业因基本建设、更新改造或办理信托、政策性房地产开发、信用卡等特定用途开立的账户。企业从该账户支取现金时，必须报当地人民银行审批。

2. 银行开户手续的办理

2019 年 2 月，中国人民银行发布《中国人民银行关于取消企业银行账户许可有关事宜的决定》，决定自 2019 年 2 月 25 日起在全国范围分批取消企业银行账户许可，在 2019 年底前实现完全取消。中华人民共和国境内依法设立的企业法人、非企业法人、个体工商户在取消企业银行账户许可地区的银行业金融机构办理基本存款账户、临时存款账户，由核准制改为备案制。中国人民银行不再核发开户许可证，开户许可证不再作为企业办理其他事务的证明文件或依据。这意味着企业只需在银行一端即可完成开户全部事宜，开户环节、开户时间大幅压缩。

办理银行开户手续需要填写开户申请书并提供有关证明文件。开立不同的账户，所需材料也不同。

（1）开立基本存款账户，需当地市场监督管理部门核发的营业执照正本。

（2）开立一般存款账户，需借款合同、借款借据或基本存款账户的存款人同意其附属非独立核算单位开户的证明。

（3）开立临时存款账户，需当地市场监督管理部门核发的临时执照。

（4）开立专用存款账户，需有关部门的批准文件。

（四）企业税务登记

新创企业领取由市场监督管理部门核发加载法人和其他组织统一社会信用代码的营业执照后，虽然无须再次进行税务登记和办理税务登记证，但仍需要前往税务机关办理相应的后续事项，才能正常缴税。企业在银行开立基本存款账户时，企业、银行与税务机关三方需要签订《委托银行划缴税（费）款三方协议书》。

需要特别注意的是，新创企业在办完首次涉税业务后，在之后的经营中要注意按时、按期持续申报税费，以免因延误纳税影响企业的正常经营。各项税收的缴纳时间不同，具体如下。

（1）增值税、消费税的纳税期限可以为1日、3日、5日、10日、15日、1个月或者1个季度。纳税人以1个月或者1个季度为1个纳税期的，自期满之日起15日内申报纳税；以1日、3日、5日、10日或者15日为1个纳税期的，自期满之日起5日内预缴税款，于次月1日起15日内申报纳税并结清上月应纳税款。

（2）企业所得税则分月或者分季预缴，企业应当自月份或者季度终了之日起15日内，向税务机关报送预缴企业所得税纳税申报表并预缴税款，年度终了后45日内申报，5个月内汇算清缴。具体税务政策，大学生创业者可拨打12366纳税服务热线或登录国家税务总局12366纳税服务平台进行咨询。

二、注册登记企业相关法律知识

（一）企业设立方面的主要法律

设立企业从事经营活动，要到工商行政管理部门办理登记手续，领取营业执照；如果从事特定行业的经营活动，还需先获得有关部门批准。我国企业的组织形式可以是股份有限公司、有限责任公司、个人独资公司、合伙企业，其中以有限责任公司最为常见。企业成立时应该依据《中华人民共和国公司登记管理条例》等法规办理登记手续。另外，在企业创建过程中，还需要建立知识产权保护体系，申请专利、商标和版权保护。这就涉及《中华人民共和国著作权法》《中华人民共和国商标法》《中华人民共和国专利法》等一系列法律。

延伸阅读

大学生办电影网站遭 60 万元索赔

大学生小捷在校期间创办了一家免费电影网站，被某影视公司以"版权侵权"起诉，对方索赔 60 万元。

原来，临近毕业的小捷和几名低年级同学共同投资 2 万元创办了一家免费电影网站。然而，他怎么也想不到等待他的竟是一场官司。"我们网站上的电影都是通过迅雷下载过来的，但我们并不知道其中几部电影是哪家公司代理的，60 万元的赔偿对我们这些刚创业的大学生来说是一个沉重的打击。"小捷说，"我们已收到××市中级人民法院的传票并等待开庭。"大学生创业既缺乏经验又缺少创业资本，无意中触碰到法律高压线往往也难以避免，但这样的索赔数额对于他们来说无疑是个天文数字。

小捷的行为已触犯《中华人民共和国著作权法》。"版权侵权"分直接侵权和间接侵权。直接侵权是指抄袭、复制，如将版权作品的表达语言复制为另一种语言，或未作任何改编，包括将传统媒体复制为非传统媒体，于互联网上传或下载；出版抄袭作品，如出版由二维作品复制而成的三维作品。间接侵权是指将抄袭作品出口、贩卖、出租或做其他商业用途，以及提供方法、器具或地方进行侵犯版权的行为。

（二）企业发展方面的主要法律

企业设立后，需要进行税务登记和财务方面的工作。这就涉及税法和财务制度，因此，创业者需要熟悉并掌握相关的法律法规。与企业经营活动相关的法律很多，创业者应对其有所了解，以保证合法营业，避免触犯法律，保障自己的合法权益。创业者在企业经营中具体需要了解的法律包括《中华人民共和国民法典》《中华人民共和国劳动法》《中华人民共和国反不正当竞争法》《中华人民共和国消费者权益保护法》等。

与创业有关的法律主要是知识产权、竞争、质量和劳动等方面的法律。其中，知识产权是人们对自己通过智力活动创造的成果所依法享有的权利。知识产权包括专利、商标、版权等，是企业的重要资产。在创业的大潮中，因商标抢注、专利互撕发生的"血案"屡见不鲜。尤其是创业公司成立之初，很容易忽略知识产权的保护，自己的核心技术、公司商标一不小心就变成了别人的"专利"。

延伸阅读

"喜茶"商标遭仿冒

美西公司旗下的"真茶"品牌是我国极具影响力的茶饮料品牌，在特调茶饮服务和商品领域具有极高的知名度及广泛的消费者基础。美西公司旗下的"喜茶""HEEKCAA"及图形等商业标识已申请商标注册并获准，现均处于有效期内。

2018 年，美西公司发现一茶馆未经许可，在其经营场所内的店招、墙饰、茶杯、宣传单等部位大规模使用与公司注册商标相同的"喜茶""HEEKCAA"及图形商标等标识，严重侵犯了公司的注册商标专用权。

2019 年 1 月 8 日，美西公司向××市工商行政管理部门投诉，经该部门调查，发现该茶馆经营的"港座喜茶"餐饮品牌属于某公司的特许经营运营项目。美西公司遂将该公司及茶馆的经营者陈某一并告上法庭，要求立即停止侵权行为，并分别赔偿 300 万元及 100 万元。

（三）创业相关法规

对创业者而言，在开始创业前除了要了解创新创业的相关法律条文，还需熟知国家及各级政府部门针对创新创业所设立的相关法规、规章。设立企业时，需要了解《中华人民共和国市场主体登记管理条例》《中华人民共和国公司登记管理条例》等工商管理法规，这样有助于享受税收等优惠政策。

创业者还应该了解《中华人民共和国增值税暂行条例》《中华人民共和国税收征收管理法》等法规及税法和财务制度。聘用员工时涉及社会保险问题，创业者需要了解《工伤保险条例》等诸多法规。

延伸阅读

特殊领域的税收优惠政策

按照《中华人民共和国企业所得税法实施条例》的规定，企业从事下列项目的所得，免征企业所得税：蔬菜、谷物、薯类、油料、豆类、棉花、麻类、糖料、水果、坚果的种植；农作物新品种的选育；中药材的种植；林木的培育和种植；牲畜、家禽的饲养；林产品的采集；灌溉、农产品初加工、兽医、农技推广、农机作业和维修等农、林、牧、渔服务业项目；远洋捕捞。对个人或个体工商户从事种植业、养殖业、饲养业、捕捞业取得的所得暂不征收个人所得税。直接用于农、林、牧、渔业生产用地，免征城镇土地使用税。纳税人承受荒山、荒沟、荒丘、荒滩土地使用权，用于农、林、牧、渔业生产的，免征契税。

创业初期，资金的缺乏是不少创业者最为急迫的问题，税收优惠政策给予了一定的资金支持，真正起到了"解渴"的作用。

三、企业选址步骤及策略

（一）企业选址的重要性

企业选址是关系新企业成败的重要因素，也是创业初期便涉及的几个问题之一。一个好的地理位置也许只能使一个普通的企业生存下去，但一个错误的地理位置却可以使一个优秀的企业失败。

企业选址的重要性可以从以下 4 个方面来理解。

1. 地址是制定经营战略及目标的重要依据

经营战略及目标的确定，首先要考虑所在区域的社会环境、地理环境、人口、交通状况及市政规划等因素。依据这些因素明确目标市场，按目标顾客的构成及需求特点，确定经营战略及目标，制定包括广告宣传、服务措施在内的各项促销策略。事实表明，经营方向、产品构成和服务水平基本相同的企业，会因为选址的不同，而使经济效益产生明显的差异。不理会企业周围的市场环境及竞争状况，任意或仅凭直观经验来选择企业地址，是难以经受考验并获得成功的。

2. 地址选择是对市场定位的选择

地址在某种程度上决定了客流量的多少、顾客购买力的大小、顾客的消费结构、企业对潜在顾客的吸引程度及企业竞争力的强弱等。选址适当，便占有了"地利"的优势，企业就能吸引大量顾客，生意自然就会兴旺。

3. 地址选择是一项长期性投资

不论是租赁的，还是购买的，地址一旦被确定下来，就需要大量的资金投入。当外部环境发生变化时，企业的地址不能像人、财、物等其他经营要素一样可以做相应的调整，它具有长期性、固定性的特点。因此，对企业地址的选择要做深入的调查和周密的考虑，妥善规划。

4. 地址选择反映了服务理念

地址选择要以便利顾客为首要原则，企业应从节省顾客的购买时间和交通费用的角度出发，最大限度地满足顾客的需要，否则就会失去顾客的信赖和支持，也就失去了存在的基础。

（二）企业选址步骤

一个科学且行之有效的选址过程，一般包括以下 3 个步骤。

1. 市场信息收集研究

在企业开始选址时，创业者必须首先依据影响选址的各种因素，自己或借助专门调查机构收集市场信息，并对收集到的信息进行整理分析，信息收集研究的效果将对后期的选址决策产生非常重要的影响。

2. 多地点评价

对市场上各种信息收集研究后，创业者应该得到若干关于新企业地址的候选地，此时可以借助科学的定量方法进行评价。目前，采用多因素综合评价法进行选址较为常见，此方法首先赋予不同的因素权重，再给不同选择下的各因素打分，最后求各方案的加权平均值以得出最佳方案。除多因素综合评价法外，收益分析法、运输模型法、重心法等也可以用于选址评价。

3. 最终地点确定

当创业者在分析市场信息的基础上，结合所要进入行业的特点及自己企业的特征，运用以上一种或几种方法进行评估后，将最终确定某一候选地为新企业的地址，从而完成选址决策。

（三）企业选址策略

1. 考虑影响企业选址的主要因素

（1）市场因素。从顾客角度考虑，要考虑经营地是否接近顾客，周围的顾客是否有足够的购买力，以及所售的商品能否吸引这一带的顾客群。对于零售业和服务业，店铺的客流量和顾客的购买力决定着企业的业务量。

（2）商圈因素。选址时需要对特定商圈进行特定分析，如车站附近是往来旅客集中的地区，适合发展餐饮、食品、生活用品；商业区是居民购物、聊天、休闲的理想场所，除了适宜开设大型综合商场外，特色鲜明的专卖店也很有市场；影剧院、公园名胜附近，适合经营餐饮、食品、娱乐、生活用品等；在居民区，凡能给家庭生活提供独特服务的生意，都能获得较好的发展；在市郊地段，不妨考虑为驾车者提供生活、休息、娱乐和维修车辆等服务。

（3）交通因素。交通因素是指交通是否方便，停车是否方便，货物运输是否方便，乘车来去是否方便。便利的交通不仅对制造型企业很重要，对于服务型、零售型、批发型企业也至关重要。

（4）物业因素。在租用店铺前，创业者应首先了解地段或房屋规划的用途与自己的经营项目是否相符；该物业是否有合法权证；还应考虑该物业的历史、空置待租的原因、坐落地段的声誉与形象等，如是不是环境污染区，有没有治安问题，会不会拆迁等。

（5）辖区因素。辖区因素指的是经营业务最好能得到辖区和政府的支持，至少不能与当地的政策背道而驰。

（6）个人因素。有一些创业者往往容易过多地关注个人因素，如喜欢选择在自己的住所附近经营。这种做法可能会令创业者丧失更好的机会或因经营受到局限，而使企业难以快速发展。

（7）价格因素。创业者在购买商铺或租赁商铺时，要充分考虑价格因素。通常在租房时，租金的支付方式是押一付三，就是在开始时需要一次性支付4个月的房租。这时，既要考虑启动资金够不够，还要考虑在生意只投入未产生利润期间的储备金是否充足；同时，还要对这个场地的销售额做出初步的预算，看盈利是否可以满足租金和管理费用的支出。如果营业额足够大，就算租金贵，也可以租用；但是，如果此地没有生意，就算再便宜也不要租用。

延伸阅读

大学生创业失败的案例

小王是××大学大三学生，大二时他就忙着在学校做市场调查，他认为定位中高档的男士精品店会很受学生欢迎。大三上学期开学不久，他和另外 3 位有创业想法的同学一拍即合，每人投资 4000 元准备开店。

校园附近的孙老板有 3 间紧挨着的店面，其中一个门面闲置着。孙老板同意以 12000 元转让这个门面两年的使用权。当时孙老板对小王他们说她有这个门面 3 年的使用权，但不要让房东知道房子已经转租给他们，就说几个大学生是帮她打工的，以此避免房东找麻烦。"我们虽然知道孙老板不是房东，只是租用了房东的房子，但我们不知道一定要经过房东的同意才能租房。"9 月 10 日，涉世未深的几名大学生和孙老板签下了门面转让协议书，并支付了 7000 元。

当他们开始对门面进行装修时，房东闻讯赶来。房东表示，他和孙老板签订的合同上明确写了该房子只允许做理发店，并且不允许转租。房东阻止他们装修，并和孙老板发生了冲突。

9 月底，房东将第一把锁挂了上去，接着孙老板也挂了一把锁。小王等人的玻璃货架等物品都被锁在里面，无奈之下他们也挂了一把锁。现在要进入这个门面，要过三道关。几把锁锁死了他们的创业之路。孙老板从 10 月 20 日起就无影无踪，手机也不开机，不做任何解释。房东也不愿意和他们协商，反正房租已经收到了年底。这可苦了几个大学生，交给孙老板的 7000 元房租，加上门面装修的 5000 多元，以及进货花去的钱，4 人凑的 16000 元已经所剩无几。后来，孙老板终于出现了，她提出，几个大学生将剩下的 5000 元交上，再想办法和房东协商。如果要退还 7000 元的房租，必须把已经装修的门面恢复原状并补偿她 2 个月的误工费。这些钱来之不易，其中两个家庭条件并不是很好的学生拿出的是自己的学费，他们希望通过创业来缓解家庭的经济压力，而另外一个同学的 4000 元是他软磨硬泡才从父亲那里"借"来的。这下都打了水漂。

2. 确定企业选址的思路

（1）生产性质的企业选址。生产性质的企业在选址时要考虑周边地区具备的生产条件：交通要方便，便于原料运进和产品运出；生产用电要充足，生产用水要保证；生产所使用的原料基地要尽量距离企业地址不远；所使用的劳动力资源要尽量就地解决；当地税收是否有优惠政策等。如果是一些可能对环境造成影响的生产项目，还须考虑环保问题。

（2）商业性质的企业选址。商业性质的企业在选址时应考虑创业地点的实际情况、客流量、店铺租金等方面因素。如在城市，若干个商业圈往往可以带动圈内商业的规模效应，新企业选择建立在商业圈内会较易经营，但与繁华商业圈寸土寸金的消费能力相比，其店铺租金或转让费也十分昂贵，往往会让创业者捉襟见肘，使企业很难在商业圈内得到一席之地。为此，创业者可以在商业圈内利用联合经营、委托代销等方式，或者在商业圈边缘选址，转向"次商圈"，将因此而节省下来的资金用于产品升级、提升服务等。另外，企业在选址时要有"借光"的意识，如在体育馆、展览馆、电影院旁边选址等；选择商圈之外的经营场所，则要注意做出特色，形成自己独特的风格，以达到"酒香不怕巷子深"的效果。

（3）服务性质的企业选址。服务性质的企业在选址时要根据具体的经营对象灵活选址，但对客流量要求较高。在车流量和人流量大的地段经营，服务性质的企业成功的概率往往比在人迹稀少的地段要高得多，但也应结合企业的目标消费群体的特点。在选择经营场地时，各行业的考虑重点各不相同，其中有两项因素是不容忽略的，即租金给付能力和租约条件。经营场地租金是企业最固定的营运成本之一，即使休息不营业，也得支出。有些货品流通迅速、空间要求不大的行业，如精品店、高级时装店、餐厅等负担得起高房租，就设于高租金区；而家具店、旧货店等，因为需要较大的空间，最好设在低租金区。

3. 企业地址调查

企业选址调查的要点包括以下几点。

（1）家庭状况。家庭状况是影响消费者消费需求的基本因素。家庭状况包括人口数量、收入状况、年龄状况等。

（2）人口密度。一个地区的人口密度可以用每平方千米的人数或户数来衡量。人口密度越高，则选址商店的规模相应越大。

（3）潜在消费者的数量。每个人都可以是商店的消费者，因此创业者在选择店址时必须了解当地的人口总数、人口密度、人口增长率、人口年龄结构等。

（4）行人的去向。在新店选址时，创业者要将来往的客流量作为考虑的重点。同时，来往消费者的去向也是一个非常值得研究的问题，即使是同一个人，由于每次外出购物的目的不同，情况也就有所差别，如购买日常生活用品与购买高档艺术品的情况就完全不同。店前经过的行人，有去百货店买东西的，有去吃饭的，有去看电影的，因此创业者在开店的时候，应根据人们去向的差异，选择适当的店址。

（5）交通地理条件。商店附近的交通状况会在很大程度上影响商店的经营状况，尤其是住宅区，上班与下班的高峰时间，街道两旁的行人、车辆呈现明显的差距，因此创业者一般在商店选址时都会考虑交通路线问题。

（6）购买力。消费水平取决于收入水平的高低，因此商店附近人口的收入水平对店址地理条件有决定性的影响。人均收入可通过入户抽样调查获取。在选择店址时，创业者应以处于青年和中年的消费者较多、社会经济地位较高、可支配收入较多者的居住区域作为优先考虑的店址。

（7）竞争程度。如果商店经营的是挑选性不强、购买率较高的日用消费品，在同一地区又有很多同行在恶性竞争，那么势必会影响商店的经济效益，除非新设的商店有特殊的经营风格、能力或不寻常的商品来源，否则很难成功。当然，在某些环境中，上述情况也并不完全如此，有些行业因同行都集中在一起，反而会形成一条别具特色的商业街。

（8）未来有何变化。创业者在进行选址时要清楚城市建设的规划，包括短期规划和长期规划。有的地点从目前来看是最佳位置，但随着市场的改造和发展将会出现新的变化而不适合开店；反之，有些地点从目前来看不理想，但从规划前景来看会成为有发展前途的新的商业中心。因此，创业者必须放眼未来，从长计议，在了解地区内的交通、街道、市政、绿化、公共设施、住宅及其他建设或改造项目的规划的前提下，做出最佳地点的选择。

延伸阅读

创新创业，砥砺前行

卢永斌是上海××大学电气工程学院本科生。2023 年 7 月开始，卢永斌作为主创人员成立了教育工作室。他和他的团队共同成长，在创业路上励志前行。

在成立工作室的第一年，工作室举办了多场公益和商业演讲，在上千人的演讲中，卢永斌侃侃而谈，收放自如。这也使得工作室在当地的市场中迅速建立起了知名度，为打造个人的品牌 IP 及后续的发展做好了铺垫。

从大二学年开始，他攻读金融学双学位，在课程中受到了管理和市场方面的启蒙，让他在团队管理中逐渐轻车熟路。随后，他成立教育科技公司，扩大经营，在创业一线的历练中成长为一名优秀的领导者。从最初的 6 个人白手起家，到 50 余人的创业团队，用 600 余平方米的门店，注册了一家公司，打造了一个品牌，前前后后帮助了上千位学生，在地方教育市场中站稳了脚跟。而这些的背后，也是一名学子致力于家乡教育事业的热忱和 4 年的青春。

在成立教育科技公司后，平台越做越大，他的心境也产生了很大的变化，这一事业也从他的一份热忱，变成了一份责任。他开始思考怎样真正地去为社会做点事情，为此，团队着手向非营利性公益组织转变，他们也正与相关公益组织和机构进行积极联络，计划开展暑期支教助学活动，去帮助更多需要帮助的人。

任务 2　管理运营企业

一、人力资源管理

人力资源管理是企业资源管理的重要内容，所有的企业都是由人组成的，企业价值的实现需要人来完成。松下电器的创始人松下幸之助说过："企业最好的资产是人。"然而，人恰恰是难以量化、难以评价的对象。因此，人力资源管理是企业管理的一大难点，需要大学生创业者学习科学的理论与方法。

（一）人力资源管理的特征

了解人力资源管理的特征能够帮助大学生创业者客观、科学、深入地认识人力资源管理。现代人力资源管理具有以下特征。

1. 以人为本

人力资源管理奉行人本主义思想，将员工视为企业的宝贵财富，强调对员工的关心、爱护，把员工真正作为资源加以保护、利用和开发。

2. 专业性与实践性

人力资源管理具有很细的专业分工和较高的专业性，需要管理者掌握相应的理论知识；同时人力资源管理也是企业管理的基本实践活动，表现出高度的应用性。

3. 双赢性与互惠性

人力资源管理强调管理应该是获取组织绩效和员工满意度的双重结果，即强调组织和员工之间的"共同利益"，并重视发掘员工的主动性和责任感，希望企业与员工双赢。

4. 战略性与全面性

人力资源是企业最重要的资源之一，是为企业创造价值的根本。人力资源管理是企业最高层进行的一种决策性、战略性管理。同时，人力资源管理也涉及企业的每个环节和部门，只要有人参与的活动与有人在的地方，都会体现出人力资源管理的影响。

5. 学科交叉性

人力资源管理还需要使用管理学、心理学、经济学等各个学科的知识，对管理者素质提出了更高的要求。

6. 系统性和整体性

人力资源管理强调整体地看待人和组织，强调运作的整体性。一方面，人力资源管理的各项职能之间具有一致性；另一方面，人力资源管理与组织中其他战略相配合，支持着整个企业的战略和管理。

延伸阅读

创业企业的人力资源管理

YT科技有限公司成立于2017年6月，是一家致力于移动互联网教育的科技公司。在短短几年里就取得了非常优异的成绩，成功拿到了2000万元的A轮投资，成了新生代互联网公司的翘楚。

YT公司的成功离不开其先进的管理体系。在人员招聘上，YT公司奉行"简化流程，关注核心要素"的战略,将招聘流程简化为简历筛选、多维面试两大过程。首先由部门负责人负责专业知识领域的面试;其次由公司首席执行官负责应聘人员价值观面试,考核应聘者的抗压能力、团队协作能力,以及对个人的未来是否有规划,是否能为公司提供长远的价值等方面;最后由人力资源部门与应聘者确认薪酬福利等内容。

YT 公司用绩效考核作为基础的激励手段,将绩效考核指标分为五大部分,分别是任务达成 60%、执行力 15%、职业素养及团队协作 15%、员工行为规范 10%,以此综合判断员工的工作情况。同时,YT 公司在创业初就建立了完善的薪酬福利制度,根据考核结果,实行动态工资调整。此外,公司岗位薪酬工资实行"一岗一薪""一岗多薪",给予有能力者更多的发展空间,做到能者多劳、多劳多得的薪资制度,使员工的薪酬与个人贡献、个人能力提升速度及个人所承担的责任挂钩。

就这样,YT 公司通过创新的、符合公司需要的人力资源管理手段,营造了良好的工作环境与氛围,取得了成功。

YT 公司打破了传统企业的人力资源管理模式,根据自身发展需求在人才招聘方面做适度的精简,减少了一切不必要的中间环节,提高了人才招聘的效率。同时通过多维的绩效考核和完善的薪酬福利制度,充分激发了员工的工作动力,取得了成功。

(二) 人力资源管理的主要活动

1. 人力资源规划

人力资源规划是指将组织对员工数量和质量的需求与人力资源的有效供给相协调。其中需求源于公司运作的现状与预测,供给则涉及内部与外部的有效人力资源量。人力资源规划活动将概括出有关组织的人力需求,并为人员选拔、人员培训等活动提供所需信息。

2. 人员招聘

人员招聘是企业寻找、吸引并鼓励符合要求的人到本企业中任职和工作的过程。人员招聘对整个管理过程,乃至整个企业的活动,都具有极其重要的影响,企业需要以职位的要求、人员的素质和能力为依据开展招聘活动。具体的招聘途径包括网络招聘、线下招聘会等。

3. 人员选拔

人员选拔是指从候选者中选出最符合企业岗位要求人员的过程,其途径主要包括内部提升和外部招聘。

4. 绩效评估

绩效评估是指运用数理统计、运筹学原理和特定指标体系,对照统一的标准,按照一定的程序,通过定量和定性对比分析,对员工在职务上的工作行为及工作成果做出客观、公正和准确的综合评判。绩效评估的目的是衡量员工的工作质量,也是员工培训和员工激励的依据。

5. 员工培训

员工培训是指企业为开展业务及培养人才的需要，采用各种方式对员工进行有目的、有计划培养和训练的管理活动。员工培训包括员工技能培训和员工素质培训两类，具体方法有讲授法、视听技术法、讨论法、案例研讨法、角色扮演法、自学法、互动小组法、网络培训法、场景还原法等。

6. 员工激励

员工激励是指企业通过各种有效的手段，对员工的各种需要予以不同程度满足或者限制，从而提高员工工作积极性和效率。

7. 劳动关系

涉及劳动关系的环节包括与员工签订劳动协议或雇佣合同、处理员工与公司或员工之间出现的纠纷、明确员工的权利和义务、按照劳动法处理各类员工问题、制定员工投诉制度等。

8. 员工沟通与参与

员工沟通与参与是指构建企业与员工之间、员工与其他员工之间的沟通机制，使企业能够将必要的信息传达给员工，使员工能对公司决策作出贡献，员工之间能够合作。

9. 人事档案记录

员工的人事档案记录是企业人力资源的第一手资料，对后续的管理有很大的参考价值。需要归档的人事档案记录包括最初的应聘材料和后续工作中添加的反映员工资历、成绩及潜力的资料。

（三）人力资源管理的经典方法

1. "抽屉式"管理

"抽屉式"管理在现代化管理中也叫作"职务分析"，其主要含义就是在每个管理人员办公桌的抽屉里，都有一个明确的职务工作规范。具体包括对每个人的职、责、权、利4个方面进行明确的规定。在管理工作中既不能有职无权，也不能有责无权，更不能有权无责；明确每个人上下左右的对口单位等，理顺企业管理关系。

"抽屉式"管理明确了部门和个人岗位职、责、权、利的关系，是一种非常有效的人力资源管理方法，许多世界500强企业都在实施"抽屉式"管理。企业进行"抽屉式"管理可参考以下5个步骤。

（1）建立一个由企业各个部门组成的职务分析小组。

（2）正确处理企业内部集权与分权关系。

（3）围绕企业的总体目标，层层分解，逐级落实职责权限范围。

（4）编写职务说明和职务规格，制定出对每个职务工作的要求准则。

（5）结合考核制度制定奖惩制度。

2. "危机式"管理

企业界认为，如果一位管理者不能很好地与员工沟通，不能向员工表明危机确实存在，那么他很快就会失去信誉，因而也会失去效率和效益。"危机式"管理的核心在于向员工传递这样一个信息：企业时刻处在危机之中，如果不提高工作效率，严格把关工作质量，企业的"末日"很快就会降临。

3. "一分钟"管理

"一分钟"管理包括一分钟目标、一分钟赞美及一分钟惩罚 3 项内容。

（1）一分钟目标：企业中的每个员工都将自己的主要目标记在一张纸上。每一个目标及其检验标准，都需要在 250 个字内表述清楚，可以在一分钟内能读完。这样便于每个员工明确认识自己为何而干、如何去干，并且据此定期检查自己的工作情况。

（2）一分钟赞美：这是一种激励手段，是指管理者经常花费一分钟以内的时间，在职员所做的事情中挑出正确的部分加以赞美。这样可以促使每位员工明确自己所做的事情，更加努力地工作，使自己的行为不断地向完美的方向发展。

（3）一分钟惩罚：在员工出现不当的错误后，管理者及时对其批评，指出其错误。然后提醒员工，你是如何器重他，所不满的是他此时的工作成果，总时间控制在一分钟内。这样可使做错事的员工乐于接受批评，感到愧疚，并注意避免同样错误再次发生。

"一分钟"管理最大的价值在于它大幅缩短了管理过程，有立竿见影之效果，而且简单实用。

4. "破格式"管理

"破格式"管理是与传统论资排辈的管理相对应的管理方法。所谓破格，就是根据能力、绩效决定员工升降去留，而不考虑资历等因素。

5. "合拢式"管理

"合拢"表示管理必须强调个人和整体的配合，创造整体和个体的高度和谐。"合拢式"管理具有以下特征。

（1）既有整体性，又有个体性：企业的每位成员对企业产生使命感，"我就是企业"是"合拢式"管理中一句响亮的口号。

（2）自我组织性：企业是由所有员工支撑起来的，而那些具有创新精神的员工作用尤其大。管理者放手让下属做决策，使他们自我管理，尽情为企业贡献力量。

（3）波动性：企业人力资源管理必须实行灵活战略，在波动中产生进步和革新。

（4）相辅相成性：每位员工的生活经历、学识水平各不相同，会产生不同的看法和做法，管理要促使不同的看法、做法相互补充交流，每一种情况下的缺点亦成为另一种情况下的优点。

（5）个体分散与整体协调性：在"合拢式"管理中，合业中的各位小组、个人都是整体中的个体，个体具有分散性、独创性，但是通过协调形成整体。

（6）韵律性："合拢式"管理促使整个企业与个人之间达成一种融洽和谐、充满活力的氛围，激发人们的内驱力和自豪感。

6. "走动式"管理

"走动式"管理是指企业主管经常抽空前往各个办公场所走动，以获得更丰富、更直接的员工工作问题，并及时了解下属员工工作困境的一种策略。"走动式"管理是一种方法或技术，不是一种理论，它强调管理者应及时收集第一手信息。"走动式"管理具有以下特点。

（1）模范性："走动式"管理具有"身先士卒"的垂范作用，管理者深入基层，切实了解员工的基层情况，甚至与员工一起吃饭、闲话家常。这样的行为能够使员工得到模范的感召，积极沟通和积极合作。

（2）投资小，收益大："走动式"管理并不需要太多的资金和技术，但可以切实提高企业的生产力。

（3）看得见的管理：管理者到达生产第一线，与员工见面、交谈，希望员工能够对他提意见，能够认识他，甚至与他明辨是非。

（4）现场管理：管理者亲临生产现场，能够及时发现基层的问题，并且基层人员为了应对管理者的"走动"，也会加强自我管理，事先消除一些问题。

（5）员工拥护：管理者的经常性"走动"，会让员工觉得主管重视他们，工作积极性和效率自然会提高。

延伸阅读

王老板与他的企业发展

王老板是广东沿海一家较典型的民营企业的老板，他的企业的创办与管理主要依靠家族资源。王老板的堂兄主管生产；王老板夫人的妹妹掌管财务；王老板的外甥是营销部的主管；王老板的夫人在公司中虽然没有任何明确的职务，但主管销售，对其他事项也有发言权和管理权，特别是王老板不在公司时，王老板的夫人担负起全面的管理责任。

在公司创办阶段，家族成员之间的紧密协作对公司的快速发展起到了非常重要的作用。但公司发展起来后，家族成员在经营管理权限、利益分配方面难免会出现一些分歧。虽然都是家族成员，但每个家族成员在有些事情和时间的安排上并不易于协调，每个家族成员也有关系亲疏不等的小圈子。家族成员在员工眼中都是"老板"，对于他们的指示都选择听从和执行，但有时这些"老板"的指示相互冲突，造成员工手足无措。对此王老板也有所认识，因此，他注重引进外来人才充实管理层，希望等到条件成熟时把能力不够的家族成员替换下来。但在公司招聘的外来人才中，有些人缺乏职业道德，出现携带公司商业秘密和客户资源投靠外商的情况；有些颇有能力又有事业心，本想在公司好好干一番的人，因为管理太严，得罪了一些老员工，他们就会到各自的"老板"那里告状或寻求庇护，还会散布一些流言蜚语，使这个有能力的人四面受敌，不得不另谋高就；有些人进入公司，对所处环境熟悉后，觉得工作难度较大，害怕担责任，不敢有所作为，他们的"老板"误认为这些人没有能力，没有重用他们，导致他们即使有能力也难以发挥出来。

对此，王老板不得不认真思考：如何既能不亏待家族成员和资格老的创业者，又能引进高质量的人才并留住他们，让他们发挥作用？如何协调家族成员与非家族成员之间的关系？

二、财务资源管理

财务管理工作是企业管理的基础，一切和"钱"有关的事项都离不开财务管理。现代管理学将财务管理概括为在一定的整体目标下，关于资产的购置、资本的融通和经营中现金流量及利润分配的管理。财务管理的目标是实现企业产值最大化、利润最大化、股东回报最大化和企业价值最大化。

（一）筹资管理

筹资是企业由于自身需要，向企业外部单位或个人，以及从其内部筹集所需资金的一种财务行为。

1. 发行股票

发行股票是股份制公司筹集股权资本的基本方式，是指出售本公司股票筹集资金的行为。股票的发行可以公开，也可以不公开；可以自己发行，也可以由金融机构代销。上市公司的股票可以在证券市场自由交易，非上市公司的股票则只能在区域性股权交易市场流通。

2. 发行债券

发行债券是企业依照债券发行协议，通过发售债券筹集资金的行为。发行债券时，企业需要与投资者约定债券的金额、兑付条件和利率等事项。债券可以向公众公开发行，也可以向特定投资者专项发行。

3. 发行短期融资券

发行短期融资券是指具有法人资格的大型工商企业或金融企业，依照规定的条件和程序发行，并约定在一定期限内还本付息的无担保商业本票，是企业筹措短期资金的直接融资方式。

4. 利用留存收益

留存收益指企业保留内部的收益，是企业取得自有资金的重要方式。

创业融资的渠道与策略

（二）投资管理

投资是指企业投入资金，期望在未来可预见的时期内获取收益或实现资本增值的一种经济行为。建设厂房是投资，购买设备是投资，引进专利也是投资，可以说，企业的投资管理就是对企业如何"花钱"进行的一种管理。

新创企业通常实力较弱，商业关系不广泛，资金也有限。因此在投资上更需要小心谨慎。大学生创业者在进行投资管理时，要充分考虑自身的现金流量及拟投资项目的预期收益、风险、投资回报周期等因素，以达成较好的投资效果。

（三）资产管理

企业筹资取得的资金一旦被投放或使用，就会形成企业资产。企业财务管理应该对企业所有能以货币计量的经济资源（包括各种财产、债权和其他权利）进行妥善管理。资产管理分为流动资产管理、应收账款管理、存货管理、固定资产管理和无形资产管理等。

1. 流动资产管理

货币资金和可交易性金融资产都属于流动资产。流动资产比例过高，会降低投资收益；流动资产比例过低，则不足以应对经营风险与财务风险。因此，企业要根据生产经营的需要确定流动资产的持有量。

2. 应收账款管理

应收账款指企业以"先货后款"的方式销售了产品但还未收回的款项，本质是企业对应付款方的债权。"先货后款"在一定程度上能够增加销售或营业量，并减少产品库存和资金占用，但也会使企业面临坏账风险。新创企业应该根据买方信用决定其赊账的金额和时限，并做好应收账款的监督，及时处理拖欠的账款。

3. 存货管理

存货是指企业在日常生产经营过程中为生产耗用或销售而储备的物资，能够节约采购费用与生产时间，有利于生产的顺利进行。但同时，存货的增加势必占用更多的资金、产生更多的管理费用，使生产成本增加，不利于提高企业的获利能力。因此，企业要合理确定存货的数量，尽量提高存货的使用效率和效益。

4. 固定资产管理

固定资产大多是生产产品所必备的厂房、设备等，具有周转时间较长、变现能力差、资产数量相对稳定等特点。企业可制定固定资产管理制度，按计划进行固定资产的评估、维护、修理、更换。

5. 无形资产管理

无形资产是一切与企业生产经营有关，能够为企业带来经济效益，不具备物质实体的资产，如专利权、商标权、著作权、土地使用权、非专利技术、特许权等。企业应该正确评估无形资产的价值，提高无形资产的利用效果，并加强无形资产的维护。

延伸阅读

薪水的困惑

　　王骁和刘成两个同龄的年轻人，同时在一家店铺工作，领着相同的薪水。一段时间后，王骁的薪资不断提高，而刘成的薪资却还停留在原地。刘成很不满意这种不公正待遇，就跑到老板那儿发牢骚，老板一边耐心地听他抱怨，一边在心里盘算怎么向他解释。等到刘成说完后，老板开口说："刘成，你现在去集市上看看，今天早上有什么卖的？"听到老板的话，刘成去了集市。

　　刘成从集市上回来后向老板汇报："今天早上集市上只有一个农民拉了一车土豆。"老板又问："有多少？"刘成赶紧戴上帽子又跑到集市上，回来后告诉老板："一共有 40 袋土豆。"老板继续问："价格是多少？"刘成又跑到集市上问价格。听完刘成的汇报，老板不慌不忙地对他说："好吧，现在请你坐在这把椅子上一句话也不要说，看看王骁是怎么做的。"

　　于是老板叫来了王骁，让他也去集市上看看有什么卖的。王骁很快从集市上回来并向老板汇报："集市上只有一个农民在卖土豆，共有 40 袋。"接着，他介绍了土豆的价格和土豆的质量。由于昨天他们铺子的西红柿卖得很快，库存已经不多，而这个农民 1 小时后还会卖西红柿，据他了解价格非常公道，他想这么便宜的西红柿老板肯定会买一些，所以他不仅带回了一个西红柿做样品，而且还把那个农民带了回来，现在那个农民正在外面等回话。

　　此时，老板转向了刘成，说："现在你肯定知道为什么王骁的薪水比你高了吧？"

　　管理的对象是人，而人是有差别的，因此，在管理上需要以人为本、因人而异。老板通过一个简单的实验点拨了刘成，让刘成明白了自己的不足，刘成在今后的工作中就能够弥补自己的缺点，这就是成功的管理。

三、新产品的开发

（一）新产品方向选择及市场定位

1. 新产品方向细分

　　在创业初期，产品方向的选择至关重要，选对了方向能让创业者少走很多弯路，提高创业成功率。不少创业者只是盲目跟风，不清楚自己究竟想做什么，结果做了很多产品或项目也没有进入理想的行业，浪费了大量的时间和金钱。

　　行业或产品的分类方法很多，这里将创业产品分为消费品和工业品。通常消费品面对终端消费者，创业门槛低，但竞争激烈，品牌要求高。工业品面对企业，专业性强，但创业门槛高，对人脉和技术要求高。创业者应了解不同消费品和工业品在营销方式上的差异，结合自己的经验、技能及兴趣，选择适合自己的初创产品细分方向。

（1）消费品。个人或家庭生活所需要的消费品，一般可分为4类，即便利品、选购品、特殊品和非寻求品等。不同类别的消费品具有不同的营销特点，如表9-1所示。

表9-1　个人消费品种类及营销特点

个人消费品的种类	营销特点				
	消费者购买行为	价格	分销	促销	举例
便利品	经常购买，少计划和比较	低价	广泛分销，购买便利	厂商大规模促销	牙膏、香皂、小食品等
选购品	不常购买，多计划和选择，货比三家	高价	较少渠道，选择性分销	厂商与中间商均有广告和人员推销	家具、电视机、服装、女子美发等
特殊品	重品牌偏好和忠诚，轻品牌比较	高价	区域内独家分销或授权分销	厂商和中间商有针对性地促销	奢侈品，如珠宝、钻石、名车等
非寻求品	产品认知少，购买兴趣小，甚至抵制	不同价格	不同渠道	特殊广告和人员促销	保险、献血、殡葬用品

注：可根据人口、地理、行为和心理等因素对产品做进一步的市场细分。

（2）工业品。根据产品进入生产过程的重要程度，可将工业品分为原材料与零部件、生产设备、供应品和商业服务4类，如表9-2所示。

表9-2　工业品种类及其特点

工业品的种类		例子和特点
原材料与零部件	原材料	农、林、渔、畜、矿产等部门提供的产品，如小麦、原木、原油、铁矿石等。有专门的销售渠道、标准的价格，常为长期销售合同
	零部件和半成品	如轮胎、压缩机等零件；棉纱、坯布、生铁、钢锭等半成品。一般需双方订立合同后进行生产和交易
生产设备	装备	如厂房、锅炉、机床等生产设备。单价高，直接销售
	附属设备	包括各种便捷式设备或工具、办公设备。单价低，使用寿命短，通用程度高，大多通过中间商卖给使用者
供应品	作业用品	如打印机、油墨等产品。消耗大，需经常购买
	维修用品	主要有扫除用具、油漆、铁钉、螺栓、螺帽等
商业服务		包括产品维修保养服务（如擦洗窗户、维修计算机等）和企业咨询服务（如法律咨询、管理咨询、广告咨询等）。定制化、专业化

2. 产品本质

消费品和工业品有共同的产品本质。创业者可从 3 个层次上认识产品的本质，进而创新产品和服务，实现差异化，开发具有竞争力的产品。

第一层是核心产品，是指向购买者提供的最基本的利益或服务。核心产品要解决的问题：消费者实际上要购买的是什么？消费者要购买某种产品或服务并不是为了占有或获得该产品或服务本身，而是为了满足某种需要。例如，女性购买化妆品并不是为了获得化妆品，而是为了获得美丽。

第二层是有形产品，是指向市场提供的实体产品或服务的外观，是核心产品借以实现的外在形式。例如，照相机的有形层为它的名称、零部件、款式、特色、包装以及其他属性等。

第三层是延伸产品，是指消费者购买有形产品时所能得到的附加服务和利益。例如，照相机为更好地服务消费者，提供使用说明书，提供及时维修、保修及免费咨询等附加服务。

优秀的创业者不能把产品简单地看作随意卖给消费者的物品，应不断了解消费者对产品的看法，挖掘产品的内涵与外延。对初创产品来讲，应突出核心产品，逐步完善有形产品与延伸产品。

3. 产品定位

产品定位是指产品在行业与市场的细分中建立并保持与众不同位置的过程。定位的实质包括两个方面：第一，与竞争对手差异化；第二，消费者能感知到这种差异化。

定位的方法很多，初创产品可采用以下 5 种定位方法。

（1）产品属性或用途定位。例如，宝洁的"舒肤佳"香皂突出其杀菌功能。

（2）产品档次定位。例如，通用汽车根据汽车的质量或价格，将其产品分为低、中、高 3 个档次。

（3）比附定位。比附定位也就是与竞争者或知名产品区分，最常用的就是甘居"第二"的方法。例如，蒙牛创业之初就声称是内蒙古草原第二品牌，伊利是第一，要向它学习。

（4）空当定位。例如，九阳豆浆机就是在 2008 年中国奶制品污染事件影响下，抢占市场空当，快速切入，销量一路飙升，一举成为我国豆浆机行业数一数二的品牌。

（5）用户类型定位。针对"60 后""70 后""80 后""90 后""00 后"等不同用户群体开发不同的产品。例如，抖音主打 15 秒的短视频产品，迎合了许多年轻人对碎片化传播的需求。

（二）透视消费者需求

1. 理解消费者行为要素

创业者在开发产品前，应提出问题：为何（Why）、何时（When）、何地（Where）、何事（What）、何人（Who）、如何（How）。这就构成了消费者行为要素的 5W1H 法，又称为六何分析法。

（1）为何（Why）：消费者的购买行为动机。创业者在开发产品前，应给目标消费者一个明确的购买理由，或者一个令人信服的消费承诺。消费者为什么需要某种商品或服务？为什么从多种商品中选购此种品牌的商品？

（2）何时（When）、何地（Where）：消费时间及消费的场景、地点。创业者必须使用恰当的销售渠道或消费终端，让消费者更快、更方便地实现购买。

（3）何事（What）：消费什么。现代消费观的核心理念是追求绿色、健康、快乐、品质、环保、可持续，这是未来消费的主流。在消费内容方面越来越多地包含互联网、数字、绿色、健康、智能、个性化等概念。创业者应关注消费升级的趋势，如从传统到新兴消费、从物质到精神消费、从基础到健康消费、从线下到线上消费、从非信用到信用消费、从大众到小众消费，由此开发出畅销或热门产品。

（4）何人（Who）：谁在消费以及消费者是哪些人。创业者应与时俱进，选择适合自己的目标消费群体。现在，年轻群体、高职高薪群体、活跃的老年人等都是主力消费群体。消费主题会不断变化。创业者应关注新兴群体，通过市场细分获得开发新产品的机会。

（5）如何（How）：如何消费与购买。互联网让个性消费和购买充满无限商机，无论是畅销产品还是冷门产品，99％的产品都有机会被销售，那些原本冷门的、购买密度低的产品有了出头之日，成为目前被商家寄予厚望的利润增长点，这叫作长尾理论。创业者需关注消费者购买与消费的全过程，如收集资料、比较评价、购买决策、售后服务，通过精准营销找到创业机会。

2. 形成洞察消费者需求的思维

"小白"思维，就是把自己调整到好像什么都不懂、对什么都好奇的状态，在考虑消费者需求时，能切换到消费者的角度去思考。优秀的创业者往往能快速地从消费者的角度去思考问题、开发产品。

共情思维也称移情或同理心，这是心理学上的一个专业词汇。通俗来讲，就是设身处地，将心比心，让消费者真正有一种被理解的感觉。不少消费者通常不明白自己原本的需求到底是什么，一旦发现你比他更了解他自己，消费者就会认同你，会认为你非常懂他的心思。

洞察人性是洞察消费者需求的捷径。不少创业者利用人们的各种心理发现创业机会。例如，早期我们买东西，需要去集市；后来到处出现便利店、商场、超市；再后来出现电话营销，打个电话货就邮寄过来了；现在顾客点一下鼠标便有人送货上门，这些都是利用了人们的心理特点。

3. 挖掘消费者痛点

投资者喜欢问创业者"目标消费者的痛点是什么"，是因为他们想要创业者想清楚自己能给消费者带来什么价值，能满足消费者哪些需求。

从广义上讲，消费者痛点和消费需求是一个概念，都是指消费者尚未得到满足的需求，或者尚未得到完全满足的一种缺失状态。从狭义上讲，消费者痛点是指消费者在体验产品或服务过程中原本的期望没有得到满足而造成的心理落差或不满，这种不满最终在消费者心智模式中形成负面情绪并爆发，这是一种对消费者需求的更精准描述。创业者可从狭义上快速挖掘消费者痛点，通常可遵循以下 3 个步骤。

步骤 1：细分消费者市场。创业者应学会消费者细分，把消费者分成不同的群体，根据不同的群体特征来梳理其需求和焦虑，这样就能相对容易和准确地找到消费者的真正痛点。例如，在智能手机市场上，拍照是需求，但不够精准，自拍的时候不够美、夜间拍照的时候不够清晰才是痛点。

步骤 2：聚焦消费场景。创业者应搞清楚消费者具体在什么时间、什么地点使用产品和服务。例如，vivo 和 OPPO 手机在东北地区卖得特别好，主要是因为东北的冬天太冷了，滴水成冰，vivo 和 OPPO 手机的耐寒性能较好，所以会有较多人选择。

步骤 3：体验消费者使用产品的全过程。创业者通过体验消费过程的每一个环节，真正了解消费者购买、使用产品的实际感受，包括购买时间、金额、精力、情感花费，以及购买后在使用过程中的真实感受等，这样才能挖掘消费者的痛点。例如，维珍航空的理查德·布兰森就因为体验了极其糟糕的航空旅行，洞察到有些消费者宁可多花钱也想改善这种体验，于是他创立了以服务和创新闻名的维珍航空。

新产品定价策略

（三）产品创意

1. 产品创意要素

产品创意要素包括产品属性、品牌、包装、标签和服务等。这些要素为创业者提供了产生产品创意的诸多机会。

在产品属性上，创业者可以在产品质量、产品特色、产品设计等方面进行创新，既能吸引消费者，又能增加产品的消费者价值。在品牌创建上，创业者可对商品的名称、术语、记号、符号、设计及其组合进行创造性的设计，使其与竞争对手区别开来，使品牌逐步成为向市场传递信息和消费者价值的工具。在包装与标签设计上，创业者可把包括商标的形状、颜色、图案和材料等在内的要素，作为创业营销的重要手段。在服务上，创业者可为产品提供一些有特色、低成本的支持服务，提高消费者满意度，克服创业初期开拓市场所面临的种种挑战。

2. 产品创意来源

创业产品的创意通常来自创业者本人，也可来自合作伙伴，如科学家、工程师、设计师、生产人员、高层管理者、销售人员等。

（1）消费者。消费者的需求和欲望往往是寻找产品创意的最佳起点，创业者可以通过调查了解消费者的需求和欲望，分析消费者的问题和抱怨，进而开发出能很好地解决这些问题的新产品。创业者也可以和消费者直接见面交流，以获得一些产品创意方面的建议。

（2）竞争者。竞争者也是产品创意的很好来源。创业者可以通过观察竞争者的广告、产品及相关信息来获得产品创意。

（3）分销商和供应商。分销商或经销商更接近市场，他们可以向制造商传递关于消费者的问题和新产品需求的信息。供应商可以将用于开发新产品的最新概念、技术和材料等方面的信息，尽快介绍给生产企业，这些都可以使创业者在开发产品创意方面得到有益的启发。

（4）其他来源。相关贸易杂志、展览会、学术研讨会，以及政府主管部门、新产品咨询机构、广告商、市场调研公司、科研机构和高等院校及专利发明人等都是产品创意的来源。

3. 开发最小化可行产品

常规产品的开发，从调研、设计、开发，再到推向市场，通常经历一个冗长且复杂的过程，这样会加大创业的风险。创业者开发产品时应先做出一个简单的原型——最小化可行产品（minimum viable product，MVP）。和常规开发方式不同，MVP 更侧重于对未知市场的勘测，用最小的代价来验证商业可行性，这样可极大减少试错成本，这是创业者开发新产品的捷径。在开发 MVP 的过程中，创业者既要注意产品的最小化，又要验证产品的可行性。

（1）产品最小化：这意味着产品仅仅包含最基础或核心的功能。例如，大众点评的创始人花了 3 天时间做出来大众点评最早的一个网页。以前他羞于给别人看这个网页，因为太简陋了。但是后来，他觉得这个简陋的网页就是 MVP。当时他没有跟饭馆签任何协议，而是将旅游手册里的 1000 多家饭馆录入网站系统。他只想验证一件事，网民在一家饭馆吃完饭是否愿意进行点评。这个 MVP 是大众点评商业模式最重要的起点。

（2）产品可行性：这就是以 MVP 进行小样调研，快速进入市场，接触客户并得到反馈。通过反馈不断修改原型，并不断迭代，最终完成正式版的开发。例如，大众点评后来想加入餐馆订餐位服务，市场上有很多解决方案，如电话预订。在经过一番研究之后，他们想到一种声讯电话模式。具体讲，就是用户在手机上提交预订请求，然后用技术把文本转为语音，之后通过声讯电话服务商把用户的要求发送给相应的餐馆，餐馆可以简单地通过按 1 或者 2 来选择是否接受预订，最后大众点评用短信通知用户预订结果。这些看似简单，但开发这套系统至少需要 3 个月时间。而且，创业者还需通过测试并收集用户的反馈，快速迭代，不断调整产品，最终才能验证产品的可行性。

延伸阅读

非遗复兴助力乡村振兴

此壹漆艺，创立于 2016 年 9 月，是××工程学院人文学院毕业生林剑军在福建省工艺美术师倪世南老师的指导下创建而成的。他们的初心在于以青年创业者的身份，为德化瓷市场注入大漆元素，助力产业转型发展。

一、创业动机：台湾文创产业的影响

林剑军出生于世界陶瓷之都福建省德化县，自幼受到陶瓷文化与茶文化的熏陶。2013

年，林剑军外出旅行时，感受到当地文创产业的蓬勃发展，并对文创产业产生了浓厚的兴趣。林剑军提到一个有趣的现象：在德化，一个陶瓷杯垫只要 10 元人民币，但是在当地需要约 60 元人民币。"同样的一个产品，尽管价格很高，但仍有很多人愿意买单。"为了深入学习当地的文创产业发展经验及专业知识，他申请到某大学进行交换学习，主修品牌管理与文创产业规划，开启文创专业访学之旅。林剑军曾在台资企业担任总经理助理，也正是在这样的机缘巧合下，他结识了大漆，为日后的创业埋下了一颗小小的种子。

二、一路走来的困难

如何在传统陶瓷茶器上进行突破性改变与发展，是林剑军在创业之初遇到的困难。"最初是受一个企业的启发，他们在做大漆与铜的结合，而我们刚好也在研究大漆，也就开始思考能不能做创新性结合。"在一位老漆匠的指点下，林剑军萌生了将陶瓷与大漆结合的想法。"漆器是很好的装饰材料，而白瓷的器型比较多变，产品设计上比较容易，在开发器型上也比较简单。我们把陶瓷本身器型的优势跟大漆的装饰作用做更好的结合，对产品的外观升级有很大作用。"在倪世南等多位老匠人的专业指导下，林剑军带领团队刻苦钻研 4 个月，经过 100 多次的反复实践，终于研究出大漆与陶瓷相结合的特殊工艺，成为全国首批研究出瓷胎漆器的团队之一。在瓷胎漆器快速发展的同时，林剑军仍然坚持不断创新。他到处拜访名师益友，寻找跟大漆及陶瓷文创相关的产品，进行借鉴学习。在传统的工艺上，再次创新出"大漆＋玻璃""大漆＋银器"等大漆与多材料、多工艺结合的产品，实现多项非遗技艺的结合。"产品的创新更容易让消费者接受，有利于企业的推广。在市场上，产品都是有生命周期的，这也促使我们不断创新。"林剑军说。

三、角色转换：回乡创业，助力乡村振兴

2018 年 7 月，林剑军担任××县雷峰镇雷峰村党支部副书记，他的角色在原有的基础上增添了"牵挂人民、贡献人民"的责任感。他努力发挥党员干部的先锋模范作用，积极投入助力家乡的精准扶贫和乡村振兴工作中。

"大漆是一个纯手工的工艺，把它引入村里，一方面可以提高村民的收入；另一方面，大漆作为艺术品，对于村民的逐步培养，也可以提高他们的致富能力。"林剑军说。

他满怀乡情，秉承使精美漆器"易于拥有，品之有味"的理念，探寻瓷胎漆器的发展前景。在创业的同时，林剑军也充分发挥带头作用与骨干作用，延伸精准扶贫链条。他开始筹备在雷峰村设立分厂，在劳动就业的同时，提高村民的致富能力，培养农民艺人。

此外，林剑军还为村里引进高校资源。他在雷峰村建立××工程学院人文学院乡村振兴联络点，充分发挥高校的人才资源优势，以党建引领的方式助力乡村振兴。

附录1　国务院办公厅关于进一步支持大学生创新创业的指导意见

国务院办公厅关于进一步支持
大学生创新创业的指导意见
（国办发〔2021〕35号）

各省、自治区、直辖市人民政府，国务院各部委、各直属机构：

纵深推进大众创业万众创新是深入实施创新驱动发展战略的重要支撑，大学生是大众创业万众创新的生力军，支持大学生创新创业具有重要意义。近年来，越来越多的大学生投身创新创业实践，但也面临融资难、经验少、服务不到位等问题。为提升大学生创新创业能力、增强创新活力，进一步支持大学生创新创业，经国务院同意，现提出以下意见。

一、总体要求

以习近平新时代中国特色社会主义思想为指导，深入贯彻落实党的十九大和十九届二中、三中、四中、五中全会精神，全面贯彻党的教育方针，落实立德树人根本任务，立足新发展阶段、贯彻新发展理念、构建新发展格局，坚持创新引领创业、创业带动就业，支持在校大学生提升创新创业能力，支持高校毕业生创业就业，提升人力资源素质，促进大学生全面发展，实现大学生更加充分更高质量就业。

二、提升大学生创新创业能力

（一）将创新创业教育贯穿人才培养全过程。深化高校创新创业教育改革，健全课堂教学、自主学习、结合实践、指导帮扶、文化引领融为一体的高校创新创业教育体系，增强大学生的创新精神、创业意识和创新创业能力。建立以创新创业为导向的新型人才培养模式，健全校校、校企、校地、校所协同的创新创业人才培养机制，打造一批创新创业教育特色示范课程。（教育部牵头，人力资源和社会保障部等按职责分工负责）

（二）提升教师创新创业教育教学能力。强化高校教师创新创业教育教学能力和素养培训，改革教学方法和考核方式，推动教师把国际前沿学术发展、最新研究成果和实践经验融入课堂教学。完善高校双创指导教师到行业企业挂职锻炼的保障激励政策。实施高校双创校外导师专项人才计划，探索实施驻校企业家制度，吸引更多各行各业优秀人才担任双创导师。支持建设一批双创导师培训基地，定期开展培训。（教育部牵头，人力资源和社会

保障部等按职责分工负责）

（三）加强大学生创新创业培训。打造一批高校创新创业培训活动品牌，创新培训模式，面向大学生开展高质量、有针对性的创新创业培训，提升大学生创新创业能力。组织双创导师深入校园举办创业大讲堂，进行创业政策解读、经验分享、实践指导等。支持各类创新创业大赛对大学生创业者给予倾斜。（人力资源社会保障部、教育部等按职责分工负责）

三、优化大学生创新创业环境

（四）降低大学生创新创业门槛。持续提升企业开办服务能力，为大学生创业提供高效便捷的登记服务。推动众创空间、孵化器、加速器、产业园全链条发展，鼓励各类孵化器面向大学生创新创业团队开放一定比例的免费孵化空间，并将开放情况纳入国家级科技企业孵化器考核评价，降低大学生创新创业团队入驻条件。政府投资开发的孵化器等创业载体应安排 30％左右的场地，免费提供给高校毕业生。有条件的地方可对高校毕业生到孵化器创业给予租金补贴。（科技部、教育部、市场监管总局等和地方各级人民政府按职责分工负责）

（五）便利化服务大学生创新创业。完善科技创新资源开放共享平台，强化对大学生的技术创新服务。各地区、各高校和科研院所的实验室以及科研仪器、设施等科技创新资源可以面向大学生开放共享，提供低价、优质的专业服务，支持大学生创新创业。支持行业企业面向大学生发布企业需求清单，引导大学生精准创新创业。鼓励国有大中型企业面向高校和大学生发布技术创新需求，开展"揭榜挂帅"。（科技部、发展改革委、教育部、国资委等按职责分工负责）

（六）落实大学生创新创业保障政策。落实大学生创业帮扶政策，加大对创业失败大学生的扶持力度，按规定提供就业服务、就业援助和社会救助。加强政府支持引导，发挥市场主渠道作用，鼓励有条件的地方探索建立大学生创业风险救助机制，可采取创业风险补贴、商业险保费补助等方式予以支持，积极研究更加精准、有效的帮扶措施，及时总结经验、适时推广。毕业后创业的大学生可按规定缴纳"五险一金"，减少大学生创业的后顾之忧。（人力资源社会保障部、教育部、民政部、财政部、医保局等和地方各级人民政府按职责分工负责）

四、加强大学生创新创业服务平台建设

（七）建强高校创新创业实践平台。充分发挥大学科技园、大学生创业园、大学生创客空间等校内创新创业实践平台作用，面向在校大学生免费开放，开展专业化孵化服务。结合学校学科专业特色优势，联合有关行业企业建设一批校外大学生双创实践教学基地，深入实施大学生创新创业训练计划。（教育部、科技部、人力资源和社会保障部等按职责分工负责）

（八）提升大众创业万众创新示范基地带动作用。加强双创示范基地建设，深入实施创业就业"校企行"专项行动，推动企业示范基地和高校示范基地结对共建、建立稳定合作关系。指导高校示范基地所在城市主动规划和布局高校周边产业，积极承接大学生创新成果

和人才等要素，打造"城校共生"的创新创业生态。推动中央企业、科研院所和相关公共服务机构利用自身技术、人才、场地、资本等优势，为大学生建设集研发、孵化、投资等于一体的创业创新培育中心、互联网双创平台、孵化器和科技产业园区。（发展改革委、教育部、科技部、国资委等按职责分工负责）

五、推动落实大学生创新创业财税扶持政策

（九）继续加大对高校创新创业教育的支持力度。在现有基础上，加大教育部中央彩票公益金大学生创新创业教育发展资金支持力度。加大中央高校教育教学改革专项资金支持力度，将创新创业教育和大学生创新创业情况作为资金分配重要因素。（财政部、教育部等按职责分工负责）

（十）落实落细减税降费政策。高校毕业生在毕业年度内从事个体经营，符合规定条件的，在 3 年内按一定限额依次扣减其当年实际应缴纳的增值税、城市维护建设税、教育费附加、地方教育附加和个人所得税；对月销售额 15 万元以下的小规模纳税人免征增值税，对小微企业和个体工商户按规定减免所得税。对创业投资企业、天使投资人投资于未上市的中小高新技术企业以及种子期、初创期科技型企业的投资额，按规定抵扣所得税应纳税所得额。对国家级、省级科技企业孵化器和大学科技园以及国家备案的众创空间按规定免征增值税、房产税、城镇土地使用税。做好纳税服务，建立对接机制，强化精准支持。（财政部、税务总局等按职责分工负责）

六、加强对大学生创新创业的金融政策支持

（十一）落实普惠金融政策。鼓励金融机构按照市场化、商业可持续原则对大学生创业项目提供金融服务，解决大学生创业融资难题。落实创业担保贷款政策及贴息政策，将高校毕业生个人最高贷款额度提高至 20 万元，对 10 万元以下贷款、获得设区的市级以上荣誉的高校毕业生创业者免除反担保要求；对高校毕业生设立的符合条件的小微企业，最高贷款额度提高至 300 万元；降低贷款利率，简化贷款申报审核流程，提高贷款便利性，支持符合条件的高校毕业生创业就业。鼓励和引导金融机构加快产品和服务创新，为符合条件的大学生创业项目提供金融服务。（财政部、人力资源和社会保障部、人民银行、银保监会等按职责分工负责）

（十二）引导社会资本支持大学生创新创业。充分发挥社会资本作用，以市场化机制促进社会资源与大学生创新创业需求更好对接，引导创新创业平台投资基金和社会资本参与大学生创业项目早期投资与投智，助力大学生创新创业项目健康成长。加快发展天使投资，培育一批天使投资人和创业投资机构。发挥财政政策作用，落实税收政策，支持天使投资、创业投资发展，推动大学生创新创业。（发展改革委、财政部、税务总局、证监会等按职责分工负责）

七、促进大学生创新创业成果转化

（十三）完善成果转化机制。研究设立大学生创新创业成果转化服务机构，建立相关成果与行业产业对接长效机制，促进大学生创新创业成果在有关行业企业推广应用。做好大

学生创新项目的知识产权确权、保护等工作，强化激励导向，加快落实以增加知识价值为导向的分配政策，落实成果转化奖励和收益分配办法。加强面向大学生的科技成果转化培训课程建设。（科技部、教育部、知识产权局等按职责分工负责）

（十四）强化成果转化服务。推动地方、企业和大学生创新创业团队加强合作对接，拓宽成果转化渠道，为创新成果转化和创业项目落地提供帮助。鼓励国有大中型企业和产教融合型企业利用孵化器、产业园等平台，支持高校科技成果转化，促进高校科技成果和大学生创新创业项目落地发展。汇集政府、企业、高校及社会资源，加强对中国国际"互联网＋"大学生创新创业大赛中涌现的优秀创新创业项目的后续跟踪支持，落实科技成果转化相关税收优惠政策，推动一批大赛优秀项目落地，支持获奖项目成果转化，形成大学生创新创业示范效应。（教育部、科技部、发展改革委、财政部、国资委、税务总局等按职责分工负责）

八、办好中国国际"互联网＋"大学生创新创业大赛

（十五）完善大赛可持续发展机制。鼓励省级人民政府积极承办大赛，压实主办职责，进一步加强组织领导和综合协调，落实配套支持政策和条件保障。坚持政府引导、公益支持，支持行业企业深化赛事合作，拓宽办赛资金筹措渠道，适当增加大赛冠名赞助经费额度。充分利用市场化方式，研究推动中央企业、社会资本发起成立中国国际"互联网＋"大学生创新创业大赛项目专项发展基金。（教育部、国资委、证监会、建设银行等按职责分工负责）

（十六）打造创新创业大赛品牌。强化大赛创新创业教育实践平台作用，鼓励各学段学生积极参赛。坚持以赛促教、以赛促学、以赛促创，丰富竞赛形式和内容。建立健全中国国际"互联网＋"大学生创新创业大赛与各级各类创新创业比赛联动机制，推进大赛国际化进程，搭建全球性创新创业竞赛平台，深化创新创业教育国际交流合作。（教育部等按职责分工负责）

九、加强大学生创新创业信息服务

（十七）建立大学生创新创业信息服务平台。汇集创新创业帮扶政策、产业激励政策和全国创新创业教育优质资源，加强信息资源整合，做好国家和地方的政策发布、解读等工作。及时收集国家、区域、行业需求，为大学生精准推送行业和市场动向等信息。加强对创新创业大学生和项目的跟踪、服务，畅通供需对接渠道，支持各地积极举办大学生创新创业项目需求与投融资对接会。（教育部、发展改革委、人力资源和社会保障部等按职责分工负责）

（十八）加强宣传引导。大力宣传加强高校创新创业教育、促进大学生创新创业的必要性、重要性。及时总结推广各地区、各高校的好经验好做法，选树大学生创新创业成功典型，丰富宣传形式，培育创客文化，营造敢为人先、宽容失败的环境，形成支持大学生创新创业的社会氛围。做好政策宣传宣讲，推动大学生用足用好税费减免、企业登记等支持政策。（教育部、中央宣传部牵头，地方各级人民政府、各有关部门按职责分工负责）

各地区、各有关部门要认真贯彻落实党中央、国务院决策部署，抓好本意见的贯彻落实。教育部要会同有关部门加强协调指导，督促支持大学生创新创业各项政策的落实，加强经验交流和推广。地方各级人民政府要加强组织领导，深入了解情况，优化创新创业环境，积极研究制定和落实支持大学生创新创业的政策措施，及时帮助大学生解决实际问题。

国务院办公厅

2021 年 9 月 22 日

附录 2　中国国际"互联网＋"大学生创新创业大赛解读

中国"互联网＋"大学生创新创业大赛，是由教育部与政府、各高校共同主办的一项技能大赛。大赛旨在深化高等教育综合改革，激发大学生的创造力，培养造就"大众创业、万众创新"的主力军；推动赛事成果转化，促进"互联网＋"新业态形成，服务经济提质增效升级；以创新引领创业、创业带动就业，推动高校毕业生更高质量创业就业。

一、大赛目的

以赛促教，探索人才培养新途径。全面提高人才自主培养质量，强化高校课程思政建设，深入推进新工科、新医科、新农科、新文科建设，深化创新创业教育改革，引领各类学校人才培养范式深刻变革，形成新的人才培养质量观和质量标准，切实提高学生的创新精神、创业意识和创新创业能力。

以赛促学，培养创新创业生力军。着力造就拔尖创新人才，激励广大青年扎根中国大地了解国情民情，在创新创业中增长智慧才干，怀抱梦想又脚踏实地，敢想敢为又善作善成，做有理想、敢担当、能吃苦、肯奋斗的新时代好青年。

以赛促创，搭建产教融合新平台。把教育融入经济社会发展，推动成果转化和产学研用融合，促进教育链、人才链与产业链、创新链有机衔接，以创新引领创业、以创业带动就业，推动形成高校毕业生更高质量创业就业的新局面。

二、历届回顾

第一届。首届中国"互联网＋"大学生创新创业大赛以"'互联网＋'成就梦想，创新创业开辟未来"为主题，由教育部与有关部委和吉林省人民政府共同主办，吉林大学承办。参赛项目主要包括"互联网＋"传统产业、"互联网＋"新业态、"互联网＋"公共服务和"互联网＋"技术支撑平台四种类型。首届"互联网＋"大赛采用校级初赛、省级复赛、全国总决赛三级赛制。在校级初赛、省级复赛基础上，按照组委会配额择优遴选项目进入全国决赛。全国共产生 300 个团队入围全国总决赛，其中创意组 100 个团队，实践组 200 个团队。大赛共吸引了 31 个省份及新疆生产建设兵团 1878 所高校的 57253 支团队报名参加，提交项目作品 36508 个，参与学生超过 20 万人，带动全国上百万大学生投入创新创业活动。

冠军项目：哈尔滨工程大学"点触云安全系统"。

第二届。第二届中国"互联网＋"大学生创新创业大赛由教育部、中央网络安全和信息化委员会办公室、国家发展和改革委员会、工业和信息化部、人力资源和社会保障部、国家知识产权局、中国科学院、中国工程院、共青团中央和湖北省人民政府共同主办，总决赛由华中科技大学承办。本届大赛主题为拥抱"互联网＋"时代，共筑创新创业梦想。大赛自2016年3月启动，吸引了全国2110所高校参与，占全国普通高校总数的81％，报名项目数近12万个，参与学生超过55万人。

冠军项目：西北工业大学"翱翔系列微小卫星"。

第三届。2017年3月27日，教育部在西安电子科技大学举行新闻发布会宣布，第三届中国"互联网＋"大学生创新创业大赛已正式启动，与往届相较，本届比赛增加了参赛项目类型，鼓励师生共创。大赛由教育部、中央网信办、发改委、工信部、人社部、知识产权局、中国科学院、中国工程院、共青团中央和陕西省人民政府共同主办，西安电子科技大学承办。本届主题为搏击"互联网＋"新时代 壮大创新创业主力军。

冠军项目：浙江大学"杭州光珀智能科技有限公司研发的一代固态面阵激光雷达"。

第四届。第四届中国"互联网＋"大学生创新创业大赛由教育部、中央网络安全和信息化委员会办公室、国家发展和改革委员会、工业和信息化部、人力资源和社会保障部、环境保护部、农业部、国家知识产权局、国务院侨务办公室、中国科学院、中国工程院、国务院扶贫开发领导小组办公室、共青团中央和福建省人民政府共同主办，厦门大学承办。以"勇立时代潮头敢闯会创，扎根中国大地书写人生华章"为主题，于2018年3月29日在厦门全面启动。第四届中国"互联网＋"大学生创新创业大赛总决赛2018年10月13日开赛。

冠军项目：北京理工大学"中云智车——未来商用无人车行业定义者"。

第五届。2019年6月13日，第五届中国"互联网＋"大学生创新创业大赛在浙江正式启动，本届大赛由教育部、中央统战部、中央网络安全和信息化委员会办公室、国家发改委、工业和信息化部、人力资源和社会保障部、农业农村部、中国科学院、中国工程院、国家知识产权局、国务院扶贫开发领导小组办公室、共青团中央和浙江省人民政府共同主办，浙江大学和杭州市人民政府承办。大赛自2015年创办以来，累计有490万名大学生、119万个团队参赛，覆盖了51个国家和地区。第五届中国"互联网＋"大学生创新创业大赛共有来自全球五大洲124个国家和地区的457万名大学生、109万个团队报名参赛，参赛项目和学生数接近前四届大赛的总和。

冠军项目：清华大学"交叉双旋翼复合推力尾桨无人直升机"。

第六届。2020年11月17至20日，第六届中国国际"互联网＋"大学生创新创业大赛在广东华南理工大学举行，大赛以"我敢闯、我会创"为主题，打造了一场汇聚世界"双创"青年同场竞技、相互促进、人文交流的国际盛会。本届大赛由教育部、中央统战部、中央网络安全和信息化委员会办公室、国家发展改革委、工业和信息化部、人力资源和社会保障部、农业农村部、中国科学院、中国工程院、国家知识产权局、国务院扶贫开发领导小组办公室、共青团中央和广东省人民政府共同主办，华南理工大学、广州市人民政府和深圳市人民政府承办。报名参赛项目与报名人数再创新高，内地共有2988所学校的147万个项目、630万人报名参赛；包括内地本科院校1241所、科研院所43所、高职院校1130所、中职院校574所。较之2019年，参赛项目与人数均增长25％，红旅赛道项目数增长54％。中国港澳台地区报名参赛项目已超过2019年的总数，达到256个。来自北京理工大学的"星网测通"项目获得本届大赛冠军，来自清华大学的"高能效工业边缘 AI 芯片及应用"等 2 个项目获得亚军，来自俄罗斯莫斯科航空学院的"Jet Pack MAI"等 3 个项目获得季军；宁波大学"甬乌水产——全球唯一规模化乌贼苗种供应商"项目获得最佳带动就业奖，华南理工大学"大隐科技——四维隐身吸波蜂窝开创者"项目获得最佳创意奖，同济大学"同驭汽车——线控制动系统行业领导者"项目获得最具商业价值奖。此外，大赛共产生金奖 159 项，其中高教主赛道 110 项，职教赛道 25 项，青年红色筑梦之旅赛道 24 项。萌芽版块共产生创新创业潜力奖 20 项。

冠军项目：北京理工大学"星网测通"项目。

第七届。2021 年 10 月 12 日至 15 日，第七届中国国际"互联网＋"大学生创新创业大赛在南昌大学举办。本届大赛由教育部、中央统战部、中央网络安全和信息化委员会办公室、国家发展改革委、工业和信息化部、人力资源和社会保障部、农业农村部、中国科学院、中国工程院、国家知识产权局、国家乡村振兴局、共青团中央和江西省人民政府共同主办，南昌大学、南昌市人民政府和井冈山市人民政府承办。来自 121 个国家和地区的 4347 所院校的 228 万个项目、956 万人参赛，其中 1085 个项目入围总决赛。

冠军项目：南昌大学"中科光芯——硅基无荧光粉发光芯片产业化应用"。

第八届。第八届中国国际"互联网＋"大学生创新创业大赛于 2022 年 4 月启动，共有来自国内外 111 个国家和地区、4554 所院校的 340 万个项目、1450 万名学生报名参赛，参赛人数首次突破千万。本届大赛由教育部、中央统战部、中央网络安全和信息化委员会办公室、国家发展改革委、工业和信息化部、人力资源和社会保障部、农业农村部、中国科学院、中国工程院、国家知识产权局、国家乡村振兴局、共青团中央和重庆市人民政府共同主办，重庆大学承办。2023 年 4 月 9 日，第八届中国国际"互联网＋"大学生创新创业大赛冠军争夺赛在重庆大学举行。期间还举办了第四届教学大师奖、杰出教学奖和创新创业英才奖颁奖典礼，首届世界青年大学生创业论坛，大学生创新创业成果展等同期活动，邀请创新创业教育知名专家学者、优秀企业家代表、历届大赛冠军以及海外名校代表等共同参与并交流经验。

冠军项目：南京理工大学"光影流转——亿像素红外智能计算成像的开拓者"。

附录3 "挑战杯"中国大学生创业计划 竞赛解读

"挑战杯"中国大学生创业计划竞赛是由共青团中央、中国科协、教育部、全国学联主办的大学生课外科技文化活动中一项具有导向性、示范性和群众性的创新创业竞赛活动，每两年举办一届。根据参赛对象，分普通高校、职业院校两类。设科技创新和未来产业、乡村振兴和脱贫攻坚、城市治理和社会服务、生态环保和可持续发展、文化创意和区域合作五个组别。

一、竞赛宗旨

培养创新意识、启迪创意思维、提升创造能力、造就创业人才。

二、竞赛目的

深入学习贯彻习近平新时代中国特色社会主义思想，聚焦为党育人功能，从实践教育角度出发，引导和激励高校学生弘扬时代精神，把握时代脉搏，将所学知识与经济社会发展紧密结合，培养和提高创新、创造、创业的意识和能力，并在此基础上促进高校学生就业创业教育的蓬勃开展，发现和培养一批具有创新思维和创业潜力的优秀人才。

三、竞赛方式

大赛分校级初赛、省级复赛、全国决赛。校级初赛由各校组织，广泛发动学生参与，遴选参加省级复赛项目。省级复赛由各省（自治区、直辖市）组织，遴选参加全国决赛项目。全国决赛由全国组委会聘请专家根据项目社会价值、实践过程、创新意义、发展前景和团队协作等综合评定金奖、银奖、铜奖等项目。大赛期间组织参赛项目参与交流展示活动。

四、奖项介绍

全国评审委员会对各省（区、市）报送的参赛作品进行复审，评出参赛作品总数的90%左右进入决赛。竞赛决赛设金奖、银奖、铜奖，各等次奖分别约占进入决赛作品总数的10%、20%和70%；各组参赛作品获奖比例原则上相同。

全国评审委员会将在复赛、决赛阶段，针对已创业（甲类）与未创业（乙类）两类作品实行相同的评审规则；计算总分时，将视已创业作品的实际运营情况，在其实得总分基础上给予1%～5%的加分。

专项赛事单独设置奖项

参加全国终审决赛的作品，确认资格有效的，由全国组织委员会向作者颁发证书，并视情况给予奖励。参加各省（区、市）预赛的作品，确认资格有效而又未进入全国竞赛的，由各省（区、市）组织协调委员会向作者颁发证书。

竞赛设 20 个左右的省级优秀组织奖和进入决赛高校数 30% 左右的高校优秀组织奖，奖励在竞赛组织工作中表现突出的省份和高校。优秀组织奖的评选主要依据为网络报备作品的数量和进入决赛作品的质量。省级优秀组织奖由主办单位评定，报全国组织委员会确认。高校优秀组织奖由各省（区、市）组织委员会提名，主办单位评定后报全国组织委员会确认。

在符合"挑战杯"中国大学生创业计划竞赛章程有关规定的前提下，全国组织委员会可联合社会有关方面设立、评选专项奖。

五、历届竞赛介绍

第一届。1999 年，由共青团中央、中国科协、全国学联主办，清华大学承办的首届"挑战杯"和讯网中国大学生创业计划竞赛在北京成功举办，竞赛由和讯网赞助，汇集了全国 120 余所高校近 400 件作品。大赛的举办使"创业"的热浪从清华园向全国扩散，在全国高校掀起了一轮创新创业的热潮，孕育了视美乐、易得方舟等一批高科技公司，产生了良好的社会影响。

第二届。2000 年，由上海交通大学承办的第二届"挑战杯"万维投资中国大学生创业计划竞赛在上海成功举办，竞赛由万维投资网赞助。大会共收到来自 137 所高校的 455 件作品。在社会各界的关心支持下，一批创业计划进入实际运行操作阶段，技术、资本和市场的结合向更深的层次推进。

第三届。2002 年，由浙江大学承办的第三届"挑战杯"天堂硅谷中国大学生创业计划竞赛在杭州成功举办，教育部成为竞赛主办单位，杭州市人民政府作为承办单位参与了竞赛，并提供了全部经费支持。竞赛成为 2002 西湖博览会的重要活动之一，致力于打造创业天堂的杭州市甚至提出要将中国大学生创业计划竞赛永远留在杭州。竞赛组委会共收到 244 所高校的参赛作品共 542 件。竞赛受到社会各界尤其是企业界和风险投资界的关注。据统计，部分参赛作品开赛前就吸引了部分风险投资，金额达 10400 万元，其中签订合同的项目 6 件，签约金额 4640 万元。决赛期间，正式签约项目 4 件，金额达 5760 万元。其中，南京大学的"格霖新一代绿色环保空气净化器"商业计划获得了高达 2595 万元的风险投资。

第四届。2004 年，第四届"挑战杯"中国银行中国大学生创业计划竞赛在厦门大学成功举办，则把大学生创业浪潮推向了新的高峰。竞赛由中国银行和亚礼得集团赞助，276 所高校的 603 件作品参加了竞赛，其中 100 件作品进入了终审决赛。台湾地区首次派队参加，香港和澳门的大学也应邀观摩。参加终审决赛的参赛学生达 1000 余人，参加观摩的媒体、企业、投资等各界人士 2000 余人，使"挑战杯"创业计划竞赛在短短 4 届、5 年的时间里就达到了空前的规模。

第五届。2006 年第五届"挑战杯"飞利浦中国大学生创业计划竞赛在山东大学成功举办，部分作品在赛前就受到社会各界尤其是企业界和风险投资界的关注。据统计，赛前共有 13 个参赛项目与 25 家企业达成投资意向，获得了 5921.35 万元的风险投资。在终审决赛期间的投资意向洽谈会上，共有 3 个项目与 4 家企业正式签约，风险投资达 2225 万元。山东省人民政府首次作为比赛所在地主办单位出现在挑战杯竞赛中，充分体现了省级地方政府对挑战杯活动的开展的重视和对大学生创新创业工作的支持。飞利浦中国有限公司对该届比赛大力赞助，来自包括港澳台在内的 22 个赛区的 129 件作品进行了评审。该届"挑战杯"做了很多有意义的尝试和探索，为进一步加大服务参赛团队创业的力度，主办单位邀请了国内 12 个高新技术园区作为"中国大学生创业园"。为更好地指导"挑战杯"获奖团队进行创业，主办单位还邀请了包括柳传志、刘永好在内的社会知名人士担任中国大学生创业导师。本届竞赛成为"挑战杯"中国大学生创业计划竞赛办赛以来参赛高校数量、作品数量最多，港澳台地区全部参赛，自主创新比例明显提高，与现实生活密切相关的服务类项目明显增加的一届比赛。该届"挑战杯"竞赛得到了来自港澳台地区众多高校的热烈响应，香港地区首次正式参赛，共有来自香港地区的 9 所高校、澳门地区 1 所高校、台湾地区的 3 所高校前来参赛、参展、观摩，为大赛增添了新的亮点，吸引了各方的广泛关注。

第六届。2008 年 11 月 16 日第六届"挑战杯"中国大学生创业计划竞赛决赛开幕式在四川大学举行，来自内地的 109 所高校的 150 支大学生团队以及港澳地区的 18 支大学生团队在角逐金银铜奖。

第七届。2010 年，第七届"挑战杯"中国大学生创业计划竞赛活动由共青团中央、教育部、中国科协、全国学联共同主办，长春市政府、吉林大学共同承办。本届竞赛共收到来自全国 374 所高校（含港澳台）的 640 项创业作品，参赛学生达 6000 多名。可谓汇集了大学生中的精英，并层层精选了领先的研究成果。比赛不仅要用展板、实物、资料、幻灯片和答辩等形式展示自己的设计成果，而且还要进行项目计划书评审、秘密答辩和"创业之星"网络虚拟运营竞赛。其中，"创业之星"网络虚拟运营竞赛是本届"挑战杯"新增的环节，它标志着这项全国性的大学生实践大赛已经开始由单纯的创业计划的撰写与答辩向创业计划如何有效实施转变。

第八届。2012 年，第八届"挑战杯"中国大学生创业计划竞赛活动由共青团中央、教育部、中国科协、全国学联、上海市人民政府共同主办，同济大学承办、复星集团协办，本届参赛作品首次被分为"已创业"和"未创业"两类，并实行校、省、全国逐级报备制度，力求进一步突出竞赛设计的科学性与竞赛作品的实用性，即在主体赛事中，对于已创业类作品的考察，将更加注重商业运营效果；而对于未创业类作品，则更加注重市场发展潜力。根据已创业作品的实际运营情况，在其实得总分基础上给予 1‰～5‰ 的加分，这项规则的出台将有利于调动"已创业"项目参赛团队的积极性，同时也鼓励更多创业项目投入实战领域，以此推动"挑战杯"由学术导向型向实战导向型转变。在评审专家中聘请风险投资专家，不再聘请高校专家，在传统的赛事活动之外，本届"挑战杯"在第七届竞赛增设的参赛团队网络虚拟运营环节的基础上，本届竞赛将设立网络虚拟运营专项赛，面向进入决赛的团队，按照自愿原则组织比赛，奖项单设。本届挑战杯创业在奖项设置方面，竞赛将增加媒体、公众评价等环节，并设立最具创意奖、最具潜力奖、最具人气奖、最受媒体关注奖等单项奖。此外，本届竞赛建立了协同合作的三区联动平台，将依托有关地方政府，遴选并设立第一批 5 个示范性大学生创业园区，在创业项目落户、临时办公场所租借、启动资金扶持等方面有多项专项独享政策，同时加强与有关方面特别是创业投资公司、金融机构等方面的合作，为高校学生通过参与竞赛实现创业提供支持。全国决赛期间,将设立创业园区开放日,组织参赛团队及嘉宾赴部分园区参观考察,实地体验创业企业运营情况,了解创业项目优惠落户政策;还会举办优秀项目风投洽谈会,推介"挑战杯"优秀创业项目。

第九届。第九届"挑战杯·中国联通"安徽省大学生创业计划竞赛由共青团安徽省委、安徽省教育厅、安徽省人力资源与社会保障厅、安徽省科学技术协会、安徽省学生联合会共同主办,安徽工程大学承办,中国联通安徽省分公司协办。自赛事启动以来,得到了全省大中专院校的积极响应,94所学校、9861个项目、超过10万名学生参赛,创历届之最。各学校评选推荐650件作品至大赛组委会,经省级复赛评审,来自77所学校的199件项目进入省级终审决赛,决赛共评选出41件金奖作品。安徽理工大学和安徽商贸职业技术学院分别捧得本届大赛普通高校组和职业院校组"挑战杯"。安徽工程大学等11所普通高校,芜湖职业技术学院等5所职业院校分别捧得本组别"优胜杯"。安徽中医药大学等16所普通高校,安徽中医药高等专科学校等5所职业院校、团芜湖市委等10个市级团委获得优秀组织奖。

第十届。第十届"挑战杯·华安证券"安徽省大学生创业计划竞赛由共青团安徽省委、安徽省教育厅、安徽省人力资源与社会保障厅、安徽省科学技术协会、安徽省学生联合会共同主办,安徽工业大学、华安证券股份有限公司承办。全省123所学校推荐的1237件项目参加省级比赛,共337件项目进入省级终审决赛,决赛共评选出74件金奖作品。安徽工业大学和安徽财贸职业学院分别捧得本届大赛普通高校组和职业院校组"挑战杯"。中国科技大学等10所普通高校,安徽医学高等专科学校等5所职业院校捧得本组别"优胜杯"。安徽财经大学等15所普通高校、安徽城市管理职业学院等9所职业院校、团马鞍山市委等6个团市委和省直团工委获优秀组织奖。

第十一届。2020年9月25日,2020年湖北省第十一届"挑战杯"大学生创业计划竞赛终审决赛颁奖典礼举行。华中科技大学报送的10件作品全部斩获金奖,首次以金奖大满贯、全省第一名的成绩捧得"挑战杯"。

第十二届。第十二届"挑战杯"中国大学生创业计划竞赛由共青团中央、教育部、中国科协、全国学联、黑龙江省人民政府共同举办,东北林业大学、共青团黑龙江省委承办。大赛设置五个组别,分普通高校和职业院校分别进行竞赛评选。

第十三届。2022年6月18日上午,黑龙江团省委、省教育厅、省人力资源和社会保障厅、省科学技术协会、省学生联合会主办,黑龙江大学承办的第十三届"挑战杯"黑龙江省大学生创业计划竞赛暨首届大学生创意设计大赛终审决赛在黑龙江大学举办。2022年8月19日,由团江西省委、江西省教育厅、江西省人社厅、江西省科协、江西省学联主办的第十三届"挑战杯"江西省大学生创业计划竞赛在江西科技师范大学落下帷幕。省政协副主席尹建业出席闭幕式并颁奖。2023年3月17日至19日,第十三届"挑战杯"中国大学生创业计划竞赛全国决赛在北京理工大学举行。本届竞赛设置了科技创新和未来产业、乡村振兴和农业农村现代化、社会治理和公共服务、生态环保和可持续发展、文化创意和区域合作5个组别,共吸引来自3011所高校的142.4万名学生参赛,经过校级初赛、省级复赛和全国决赛初评，463 个项目进入全国决赛终审答辩。此外，竞赛期间还同步举办创新创业成果展，分为电子展示区、实物体验区，北京理工大学创新创业团队还为大赛打造了"元宇宙"交互空间，利用云交互空间实时生成技术，展示全国大学生优秀创新创业作品，可实现万人以上同时在线。第十三届"挑战杯"中国大学生创业计划竞赛 3 月 19 日在北京落下帷幕。北京理工大学以团体总分第一的成绩获得"挑战杯"。

　　第十四届。2024 年 6 月 12 日至 13 日，第十四届"挑战杯"中国大学生创业计划竞赛重庆市选拔赛决赛在重庆大学、重庆工业职业技术学院举行。

附录 4 "创青春"全国大学生创业大赛解读

2013 年 11 月 8 日，习近平总书记向 2013 年全球创业周中国站活动组委会专门致贺信，特别强调了青年学生在创新创业中的重要作用，并指出全社会都应当重视和支持青年创新创业。党的十八届三中全会对"健全促进就业创业体制机制"作出了专门部署，指出了明确方向。为贯彻落实习近平总书记系列重要讲话和党中央有关指示精神，适应大学生创业发展的形势需要，在原有"挑战杯"中国大学生创业计划竞赛的基础上，共青团中央、教育部、人力资源和社会保障部、中国科协、全国学联决定，自 2014 年起共同组织开展"创青春"全国大学生创业大赛，每两年举办一次。

一、总体思路

以党的十八大和十八届二中、三中全会精神为指导，以"中国梦，创业梦，我的梦"为主题，以增强大学生创新、创意、创造、创业的意识和能力为重点，以深化大学生创业实践为导向，着力打造权威性高、影响面广、带动力大的全国大学生创业大赛。

以此为带动，将大学生的创业梦与中国梦有机结合，打造深入持久开展"我的中国梦"主题教育实践活动的有效载体；将激发创业与促进就业有机结合，打造整合资源服务大学生创业就业的工作体系和特色阵地；将创业引导与立德树人有机结合，打造增强大学生社会责任感、创新精神、实践能力的有形工作平台。

二、参与单位

主办单位：共青团中央、教育部、人力资源和社会保障部、中国科协、全国学联、湖北省人民政府

支持单位：工业和信息化部、国务院国有资产监督管理委员会、中华全国工商业联合会

承办单位：华中科技大学、共青团湖北省委、武汉东湖新技术开发区

三、组织机构

大赛设立领导小组，由主办单位、承办单位的有关领导组成。

大赛设立全国组织委员会（以下简称"全国组委会"），由主办单位、支持单位、承办单位的有关负责人组成，负责大赛各项工作的组织开展。全国组委会下设秘书处，负责大赛的日常事务。

大赛设立指导委员会，由全国组委会邀请享有较高知名度并关注青年创业的经济学家、企业家、风险投资界和新闻媒体界等人士担任成员。

大赛设立全国评审委员会（以下简称"全国评委会"），由全国组委会聘请非高校的各相

关领域专家学者、企业家、风险投资界人士、青年创业典型等组成，负责参赛项目的评审工作。

各省(自治区、直辖市)可根据实际，成立相应机构，负责本地预赛的组织开展、项目评审等相关工作。

四、大赛内容

(一)2014年大赛下设3项主体赛事：第九届"挑战杯"大学生创业计划竞赛、创业实践挑战赛、公益创业赛。

其中，大学生创业计划竞赛面向高等学校在校学生，以商业计划书评审、现场答辩等作为参赛项目的主要评价内容。

创业实践挑战赛面向高等学校在校学生或毕业未满5年的高校毕业生，且已投入实际创业3个月以上，以经营状况、发展前景等作为参赛项目的主要评价内容。

公益创业赛面向高等学校在校学生，以创办非营利性质社会组织的计划和实践等作为参赛项目的主要评价内容。

以上3项主体赛事需通过组织省级预赛或评审后进行选拔报送。项目申报标准等详见附件2。有关具体安排将另行通过书面通知、官方网站等形式和渠道进行公布。

(二)大赛将在符合大赛宗旨、具有良好导向的前提下，设立MBA、移动互联网创业等专项竞赛，由共青团湖北省委协调相关地方人民政府及高校负责具体组织，组织执行机构另设，奖项单独设立。

其中，MBA专项赛。(1)组织形式：由赛事承办方会同部分高校发起，组织和邀请国内设有MBA专业的各高校参加。(2)参赛对象：就读于MBA专业的在校学生。(3)参赛形式：通过申报创业项目计划书(是否已投入创业及创业领域不限，申报不区分具体组别)参加该项赛事。(4)参赛名额：每所高校只能组成1支团队参赛。(5)赛事组织开展时间：2014年3月启动，9月进行决赛。

移动互联网创业专项赛：(1)组织形式：由赛事承办方直接面向国内各高校开展。(2)参赛对象：高校在校学生。(3)参赛形式：通过提交基于移动互联网领域的创业项目计划书(是否已投入创业不限，鼓励申报已创立小微企业、科技企业的项目，申报不区分具体组别)或APP应用程序等移动互联网作品说明书参赛。(4)参赛名额：每所高校最多可申报3项。(5)赛事组织开展时间：2014年3月启动，9月进行决赛。

以上2项专项竞赛无须组织省级预赛，有关具体事项另行通知。

五、推进步骤

大赛的3项主体赛事分预赛、复赛和决赛3个阶段进行。

(一)2014年4月至5月，各省(自治区、直辖市)针对大赛下设的3项主体赛事组织本地预赛或评审，并在"创青春"全国大学生创业大赛官方网站进行校级、省级参赛项目网络报备和申报。

其中，大学生创业计划竞赛实行项目分类申报，即分为已创业与未创业两类。各省(自治区、直辖市)在推报复赛项目时,两类项目的比例不作限制。全国评委会将在复赛、决赛阶段,针对两类项目实行相同的评审规则;计算总分时,将视已创业项目实际运营情况,在其实得总分基础上给予 1% 至 5% 的加分。

具体事宜届时参见大赛官方网站通知。

(二)2014 年 6 月 12 日前,各省(自治区、直辖市)汇总经预赛产生的参加复赛项目,对项目申报表及相关材料的填写情况进行把关,按照统一要求,报送至全国组委会办公室(华中科技大学团委)。在 3 项主体赛事中,全国组委会不接受学校或个人的申报。

报送项目的数量不得超过项目名额分配表中规定的数量。

(三)2014 年 7 月至 8 月,举行全国大赛复赛。全国评委会对项目进行评审,选出若干优秀项目进入决赛,并书面通知各省(自治区、直辖市)、相关高校。

其中,公益创业赛系在原有的"北极光-清华"全国大学生公益创业实践赛的基础上的改革提升。复赛阶段的组织工作由清华大学承担,决赛阶段的组织工作由华中科技大学、武汉东湖新技术开发区承担。复赛评审时间为 6 月底前。

(四)2014 年 10 月,举行全国大赛决赛。全国评委会将通过相应评审环节,对 3 项主体赛事分别评出若干金奖、银奖、铜奖及其他单项奖。

复赛、决赛阶段具体事宜届时将另行通知。

六、工作要求

(一)高度重视,加强领导。举办"创青春"全国大学生创业大赛是落实党的十八大和十八届二中、三中全会精神,推进高校就业创业教育、促进大学生创业实践的有力举措,对于引导和帮助大学生转变就业观念、培养创新意识、提高创业能力具有重要意义和积极作用。各地各高校要在继承和发展原有的"挑战杯"中国大学生创业计划竞赛举办多年来形成的有效经验和做法的基础上,结合各自实际,成立组织机构,完善全国、省、高校三级赛制,切实抓好大赛的组织工作。

(二)建章立制,把握导向。全国组委会制定了《"创青春"全国大学生创业大赛章程》及 3 项主体赛事的具体规则,并将在今后的竞赛中不断加以完善和改进。各地各高校要结合大赛的新改革、新要求,进一步做好机制建设工作;在对参赛项目和个人的奖励支持上,要注重与原有的"挑战杯"中国大学生创业计划竞赛的衔接和延伸。鼓励各地各高校依托大赛平台建立大学生创业就业服务体系,健全完善促进大学生创业的政策体系,注重引入风险投资和联合社会有关方面为大赛提供资金、资源、智力等方面支持,努力推动参赛项目的成果转化。

(三)广泛动员,密切配合。大赛开展时间长、内容多、任务重,各个阶段又各有侧重。各级共青团、教育部门、人社部门、科协组织和学联组织要密切配合,加强协调,切实做好大赛各项工作。各地各高校要广泛动员,认真选拔,既要保证参赛项目质量,也要扩大和提升大赛的参与面、受益面、影响力,努力为实现大赛的目标发挥积极作用、提供有力保障。

(四)加强宣传,营造氛围。各地各高校要将大赛宣传作为工作重点,摆上日程,列入计划。一方面借助电视、报刊、广播等传统媒体,另一方面注重运用互联网、手机等新媒体手段，在学生中和社会上营造关注、理解、支持大学生投身创业的社会氛围，同时提升赛事的社会影响力与品牌传播力，为大学生创业就业创造良好的环境和平台。

大赛有关事宜，可与团中央学校部、华中科技大学及"创青春"全国大学生创业大赛官方网站联系。

七、会徽释义

"创青春"全国大学生创业大赛会徽以汉字"创"为主体图形，由代表着广大青年学子的五只展翅高飞的大鹏有序排列组合而成，体现了大学生的活力与激情。五只大鹏盘旋天空，簇拥着飞向右上方，表现出青年学子挑战自我、追求卓越的进取精神，寓意着青年学子对创业的积极参与之情，"创青春"大赛将是他们放飞创业梦想的摇篮，终有一天他们会怀揣梦想，翱翔天际。

五只大鹏的造型又恰似字母"C"，传达出"创新、创意、创造、创业、创青春"的赛事"五C"内涵；大鹏的主体色为绿色、蓝色、红色，代表大赛精神：青春、梦想和奋斗，寓意着大学生们用奋斗的青春实现梦想。为大赛专门设计的"创青春"三个字，具有较强的视觉识别性、内涵传达性和表现艺术性，更具有独特的专属性。

八、大赛吉祥物

吉祥物名为"创创"。设计灵感来源于"鱼跃龙门"和《庄子—逍遥游》中"北冥有鱼，其名为鲲……化而为鸟，其名为鹏"的传说。吉祥物以一种鱼儿的蓬勃跳跃、张开双翅欲飞向天空的姿态，展现了当代大学生创业者敢于迎接挑战、追求卓越的进取精神及自信、热情、积极乐观的精神风貌；同时也对创业者们表达出事业有成、梦想成真的美好祝愿。

吉祥物设计与大赛会徽的五只大鹏遥相呼应：设计原型选为鲲鹏中的鲲，象征着大学生创业者们能从鲲化鹏，不断进取，历经磨难，最终展翅翱翔，鹏程万里；造型恰似字母"C"，传达出"创新、创意、创造、创业、创青春"的赛事内涵；主体色为红色、绿色、蓝色，代表奋斗、青春和梦想，寓意着大学生们用奋斗的青春实现梦想。

鱼尾由梧桐叶的"形"和江河湖海天空的"色"化成：凤凰非梧桐不栖，寓意大赛筑巢引凤，将吸引汇聚无数大学生创业英才；梧桐生长迅速，树木高大，象征大赛将促进大学生成才、企业成长；同时也表示了大赛承办地湖北省人杰地灵和华中科技大学有着"森林大学"的美誉。鱼尾选用蓝色不仅代表梦想，也代表了江河湖海和天空，体现出为了梦想，大学生们海阔凭鱼跃、天高任鸟飞的豪情。

参 考 文 献

[1] 陈虹. 大学创新创业教育[M]. 北京：文化发展出版社，2020.

[2] 陈卫东，蔡冰. 高职创新创业教育教程[M]. 成都：电子科技大学出版社，2020.

[3] 盖庆武，余闯. 高职创新创业教育二十年探索与实践[M]. 长春：吉林大学出版社，2022.

[4] 于澍，周葛龙，邵超. 高职学生创新创业教育基础[M]. 成都：西南交通大学出版社，2021.

[5] 马少华，郭彦鹏. 大学生创新创业教育[M]. 北京：中国书籍出版社，2023.

[6] 马永霞. 创新创业教育[M]. 北京：北京理工大学出版社，2022.

[7] 彭贞蓉，彭翔. 创新创业教育基础与实战技巧[M]. 重庆：重庆大学出版社，2022.

[8] 沈丹，杨百忍，孟昕. 大学生创新创业教育[M]. 南京：河海大学出版社，2021.

[9] 宋建卫，魏金普，杨洪瑞. 大学生创新与创业教育[M]. 北京：北京理工大学出版社，2021.

[10] 汤锐华. 创新创业教育[M]. 北京：机械工业出版社，2021.

[11] 涂晓洁. 创新创业教育融入思想政治教学策略研究[M]. 北京：东方出版社，2023.

[12] 王全利. 创新创业教育与实践[M]. 北京：中国纺织出版社，2022.

[13] 徐庆福. 创赢人生大学生创新创业教育[M]. 哈尔滨：哈尔滨工业大学出版社，2022.

[14] 郭丽萍，柳韶军，韩建伟. 创新创业教育[M]. 西安：西安电子科技大学出版社，2021.

[15] 周冠怡彤，蒋笑阳，刘洋. 高校创新创业教育改革与探索[M]. 北京：九州出版社，2022.